Der Wortinhalt

UTB 95

UTB Uni-Taschenbücher

Eine Arbeitsgemeinschaft der Verlage

Birkhäuser Verlag Stuttgart und Basel
Wilhelm Fink Verlag München
Gustav Fischer Verlag Stuttgart
Francke Verlag München
Paul Haupt Verlag Bern und Stuttgart
Dr. Alfred Hüthig Verlag Heidelberg
J. C. B. Mohr (Paul Siebeck) Tübingen
Quelle & Meyer Heidelberg
F. K. Schattauer Verlag Stuttgart-New York
Ferdinand Schöningh Verlag Paderborn
Eugen Ulmer Verlag Stuttgart
Vandenhoeck & Ruprecht in Göttingen und Zürich
Verlag Dokumentation München-Pullach
Westdeutscher Verlag Opladen
Leske Verlag Opladen

Der Wortinhalt

Seine Struktur im Deutschen und Englischen

Von Ernst Leisi

Quelle & Meyer · Heidelberg

4., durchgesehene und erweiterte Auflage

Satz und Druck: Druckerei Georg Appl, Wemding. Einbandgestaltung: A. Krugmann, Stuttgart
ISBN 3 - 494 - 02010-8

Vorwort zur ersten Auflage

Das vorliegende kleine Buch möchte zugleich praktisch und theoretisch von Nutzen sein: praktisch, indem es zum richtigen Gebrauch einer großen Zahl schwieriger englischer (und für den Englischsprechenden deutscher) Wörter verhilft, theoretisch, indem es auf Grund des Unterschiedes zwischen deutschen und englischen Wörtern zu einer neuartigen Analyse und Einteilung der Wörter überhaupt führt, die, so hofft sein Verfasser, auch für spätere Arbeiten eine methodische Grundlage liefert.

Arbeiten über den Wortinhalt, also über den geistigen Teil der Sprache müssen notwendigerweise sprachtheoretisch unterbaut sein. Es ist nur natürlich, daß auf diesem Gebiet die verschiedenen Schulen stark auseinandergehen. In der Tat stehen sich diametral gegenüber: eine englisch-amerikanische, behavioristische Gruppe (Bloomfield, Sapir, Firth), welche die sprachlichen Äußerungen als „Verhaltensmuster" ansieht und die Vorgänge des Denkens und Fühlens zwar nicht leugnet, aber als dem wissenschaftlichen Zugriff entzogen aus ihrer Terminologie ausschließt – und anderseits die meisten kontinentalen Forscher, für die das Problem Sprache und Denken geradezu im Mittelpunkt steht.

Der Verfasser hat sich von beiden Seiten Elemente geholt. In der Annahme, daß das rasch gesprochene Wort vielfach im wahrsten Sinne „gedankenlos" gehandhabt wird, und auch, um seinen Ausführungen eine festere Grundlage zu geben, hat er eine soziologische Wort-Definition gewählt; andererseits hat er den Zusammenhang zwischen Wort und Gedanken an vielen Stellen deutlich zu machen versucht. Er wollte mit diesem Kompromiß – und auch dadurch, daß er in der Bibliographie beide Seiten herangezogen hat – etwas zum gegenseitigen Verständnis der nationalen Schulen, die oft voneinander kaum Notiz zu nehmen scheinen, beitragen.

Das Buch, dessen Vorarbeiten bis 1946 zurückreichen, wurde im Juni 1950 abgeschlossen und von der Philosophischen Fakultät I der Universität Zürich als Habilitationsschrift angenommen. In der Zeit bis zur Drucklegung wurde es mehrfach revidiert und auch bibliographisch durch einige wichtige seither erschienene Werke ergänzt.

Den Vielen, die ihm bei der Fertigstellung des Buches zur Seite gestanden haben, spricht der Verfasser an dieser Stelle seinen herzlichen Dank aus: vorab seinen verehrten Zürcher Lehrern E. Dieth, H. Straumann und R. Hotzenköcherle, sodann Bertrand Russell, L. Weisgerber (Bonn), Trevor Jones (Cambridge) und allen andern, die als Ratgeber oder Versuchspersonen mitwirkten, nicht zuletzt auch dem Erziehungsrat des Kantons Zürich, der die Arbeit durch einen Beitrag aus dem Kredit für die Förderung des akademischen Nachwuchses in erheblichem Maße unterstützte, sowie der

Stiftung für wissenschaftliche Forschung an der Universität Zürich für einen namhaften Druckkostenzuschuß.

Zürich und Kiel, Herbst 1952 *Ernst Leisi*

Zur vierten Auflage

Das Buch ist in den einzelnen Auflagen graduell etwas gewachsen. In der zweiten (1961) wurden einige grundsätzliche methodische Bemerkungen in einem Nachtrag (jetzt S. 111ff.) zusammengestellt; in der dritten (1967) wurde ein Abschnitt über die Entwicklungen seit 1960 beigefügt.

Unterdessen ist die Semantik erfreulicherweise aus ihrer Randexistenz heraus und näher ans Zentrum der Sprachwissenschaft gerückt. Die vierte Auflage (auch äußerlich in neuer Gestalt) nimmt auf die veränderte Situation in zweierlei Weise Rücksicht; einmal durch Änderungen in der Einleitung, sodann durch ein am Schluß hinzugefügtes Verzeichnis neuer Schriften, die direkt auf den *Wortinhalt* Bezug nehmen. Abgesehen von Druckfehlerkorrekturen und Verbesserungen in der Formulierung wurde sonst nichts geändert.

Nachdem das Buch über mehr als fünfzehn Jahre einen konstanten aber eher kleinen Leserkreis hatte, ist es im Zuge des Wiederaufstiegs der Semantik neuerdings noch wesentlich bekannter geworden, was den Verfasser natürlich freut. Man scheint dem *Wortinhalt* heute so etwas wie einen festen Platz in der semantischen Forschungsgeschichte zu geben; dies ist mit ein Grund dafür, daß das Buch weitgehend so belassen wurde, wie es ursprünglich war.

Für mannigfache Anregung danke ich den Rezensenten, vor allem aber auch den Mitarbeitern: Herrn Walter Naef, der mit seinem klaren Auge manche Ungereimtheiten noch hat tilgen helfen, und Fräulein Dorothea Weniger, von deren bibliographischen Kenntnissen ich profitieren durfte.

Pfaffhausen bei Zürich, Frühjahr 1971 *E. L.*

Inhalt

IV. Komplexe Wortinhalte

I. Methodisches

A. Zielsetzung

Das Wort ist das wichtigste Element der Sprache; weder der Laut noch der Satz sind von so großer Bedeutung. Beobachten wir ein Kind bei seinen ersten Sprechversuchen, so sagen wir dann: „es spricht", wenn es Wörter hervorbringt. Sprechen heißt also in erster Linie: Wörter gebrauchen. Dies gilt auch bei der Erlernung einer Fremdsprache: eine fremde Sprache sprechen heißt: ihre Wörter richtig verwenden und verstehen. Wenn ich alle Laute des Englischen genau reproduzieren kann, aber die Wörter nicht weiß oder nicht richtig verwende, so kann ich mich nicht auf englisch verständlich machen. Und auch in dem unwahrscheinlichen Fall, daß ich die letzten Regeln der englischen Syntax kenne, dabei aber die Wörter nicht beherrsche, ist es mir ebenso wenig möglich, zu verstehen und mich verständlich zu machen.

Die Situation ändert sich, wenn ich über die Wörter Gewalt habe. Mache ich jetzt lautliche Fehler, d.h. ist meine Aussprache schlecht, so ist die Verständigung zwar erschwert – besonders wenn diese Fehler phonematischer Natur sind, d.h. die lautliche Wortbegrenzung überschreiten *(sick* statt *thick)* – aber sie ist noch möglich. Das Emigranten-Englisch, das Deutsch amerikanischer Soldaten, das „Français fédéral" (das Anfänger-Französisch des Deutschschweizers) hat die heimische Lautung fast unverändert übernommen und dient dennoch als Verständigungsmittel. Weiter ist es möglich, die eigenartige Syntax einer Sprache fast unverändert auf eine andere zu übertragen: *Als ich kam zum Bahnhof, der Zug war fort,* ohne daß der Sinn wesentlich beeinträchtigt wird.

Aber auch am Wort selber sind nicht alle Dinge von gleicher Wichtigkeit. *I have catched a cold* ist nicht annähernd so mißverständlich wie: *I caught a snake* statt *I caught a snail.* Das heißt, ein Mißgriff in der Flexion ist in der Regel weniger folgenreich als ein Mißgriff im Wortstamm selbst. Dieser Kern des Wortes muß unter allen Umständen gewahrt bleiben: wo die Wörter verwechselt werden, wo *become* gesagt wird statt *get, drake* statt *dragon, Feind* statt *Freund, kalt* statt *warm,* da wird die Verständigung unmöglich. Alle lautlichen, syntaktischen, flexivischen Irrtümer sind daneben Dinge, welche zwar dem Schulmeister peinlich sind, aber die Sprache ihrem Zweck, der Verständigung, lange nicht im selben Maße entfremden.

Die Stellung des Wortes innerhalb der Sprachelemente bleibt die nämliche, wenn wir statt der primitiven Notverständigung die höheren Erscheinungsformen der Sprache betrachten. Worin liegt die dichterische Schönheit, das Besondere bei Goethe, Keats, Flaubert? Wohl ist der Klang wichtig, wohl trägt eine eigenwillige Syntax viel zur Wirkung bei, am wichtigsten ist aber auch hier das dichterische, das gewählte, das treffende Wort.

Wie verhält sich nun die Sprachwissenschaft angesichts der ungeheuren Wichtigkeit des Wortes? Wir verfügen über eine hochgezüchtete Lautlehre, über eine raffinierte Satz- und Formenlehre. Aber eine Wortlehre als klare und eindeutige Disziplin existiert nicht, lediglich einige spezielle, an sich hochinteressante Forschungszweige, von denen noch zu sprechen sein wird. Der Grund für das Fehlen einer allgemeinen Wortlehre liegt, wie schon mehrfach bemerkt worden ist, offenbar darin, daß man sich nicht im klaren ist, was eigentlich am Wort erforscht werden soll. Es fehlen uns die Begriffe, die Kategorien, mit denen wir operieren könnten.

Und doch bedürfen wir dringend einer Lehre vom richtigen Gebrauch der Wörter. Wir möchten Auskunft haben etwa über die folgenden brennenden Fragen: Warum müssen wir eines Tages entdecken, daß wir trotz Lexikon ein gegebenes englisches Wort jahrelang falsch verwendet haben? Warum gebraucht ein Engländer die deutschen Wörter *Stuhl, Tisch, Philosoph* ohne weiteres richtig, scheut aber etwas vor *Zipfel, Brocken, stellen?* Wenn also manche Wörter leicht, andere schwer oder gar nicht übersetzbar sind: lassen sich Gesetze aufstellen, sind solche Wörter in Gruppen zu vereinigen und auf eine generelle Formel zu bringen? Weiter: warum gibt dieses Wort an dieser Stelle einen besondern dichterischen, ironischen oder sonst auffallenden Effekt?

Eine Wortlehre sollte denn also Antwort auf solche Fragen geben, und zwar sollte sie nicht nur Einzelfälle behandeln, sondern einen systematischen Rahmen von Wortgesetzen geben, die sich auf alle später auftauchenden Fälle erklärend anwenden lassen. Unsere erste Aufgabe ist dabei offenbar eine Klassifikation der Wörter. Jede beschreibende Wissenschaft, die eine große Anzahl von Erscheinungen zum Gegenstand hat, wird sich bemühen, diese ihre Objekte geistig zu beherrschen, indem sie, empirisch und nach Gesichtspunkten der Ähnlichkeit verfahrend, eine bestimmte, endliche Anzahl von Typen oder Kategorien ableitet, in denen die fast unendliche Anzahl der Objekte möglichst restlos aufgeht. Beispiele solcher fruchtbarer Klassifikationen sind das durch Linné errichtete Tier- und Pflanzensystem oder die Einteilung der Wolken durch Howard, deren geistige Bedeutung Goethe im Gedicht „Howards Ehrengedächtnis“ hervorgehoben hat.

Für die Wörter gibt es bereits verschiedene Ansatzpunkte für eine solche systematische Klassifikation. Sehr geläufig ist uns die Einteilung nach der Lautgestalt: wir unterscheiden die Wörter nach Stämmen und Flexionsklassen, in neuerer Zeit auch nach andern, phonetischen oder phonologischen Gesichtspunkten.[1]

[1] Vgl. E. Kruisinga, The Phonetic Structure of English Words (Bern 1943); A. Rosetti, Le mot, esquisse d'une théorie générale (Bukarest und Kopenhagen [2] 1947).

Dies alles betrifft aber nur die äußere Form. Und daß ein Wort nur aus der Lautgestalt besteht, glaubt heute niemand mehr im Ernst, wenn man auch populär unter „Wort“ nur das Lautliche versteht. Jedes Wort besteht neben der Lautform auch aus dem, was man „Bedeutung“, „Sinn“ oder „Inhalt“ nennt. Mit diesem andern Element beschäftigt sich seit bald hundert Jahren die Bedeutungslehre, Semantik oder Semasiologie. Sie ist, im Gegensatz zu allen andern Zweigen der Sprachwissenschaft, nicht als beschreibende (synchronische) sondern als historische (diachronische) Disziplin entstanden und ist, was die Erforschung des Einzelwortes betrifft, bis vor wenigen Jahren fast ausschließlich diachronisch geblieben.[2] Fast jedermann, nicht nur der Laie, verstand unter „Bedeutungslehre“ vor allem „Lehre vom Bedeutungswandel“. Geradezu symptomatisch dafür ist die falsche Zitierung des kleinen beschreibenden Buches von K.O. Erdmann „Die Bedeutung des Wortes“ als „Der (bzw. Die) Bedeutungswandel des Wortes“ bei zwei zuverlässigen Autoren[3], denen es nie unterlaufen wäre, eine deskriptive Grammatik mit einer historischen zu verwechseln.

Die deskriptive (synchronische) Semantik ist immer noch im Aufbau begriffen. Die Aufgabe dieser Disziplin liegt primär darin, die Wörter einer Sprache nach ihren Bedeutungen zu ordnen, indem sie Bedeutungstypen erkennt und Bedeutungen vom gleichen Typus in Klassen zusammengibt. So einfach das scheint, man wird damit doch sofort auf den Einwand stoßen, die so gewonnenen Klassen seien einfach Klassen von Dingen, Tieren, Pflanzen usw., und die „systematische Beschreibung von Wortbedeutungen“ laufe einfach auf eine systematische Beschreibung der Welt hinaus. Ähnlich sagt L. Bloomfield in „Language“ (S. 513): „If one disregards the speech-forms and tries to study meaning or meanings in the abstract, one is really trying to study the universe in general“.[4] Selbstverständlich kann man die Wörter einer Sprache so ordnen, daß sachliche und nicht sprachliche Klassen entstehen, z.B. *Hund, Katze, Pferd* unter *Haustiere* zusam-

[2] Dies stellt u.a.O. Jespersen fest, in: The Philosophy of Grammar (Lond. [5] 1948, S. 35). Der Grund dafür ist in der vorwiegend historischen Orientierung der Sprachwissenschaft im 19. Jahrhundert zu suchen; vgl. L. Bloomfield, Language (N.Y. 1933, S. 17) und E. Cassirer, An Essay on Man (New Haven 1944, Kapitel „Language“, bes. S. 119), weitere Gründe nennt L. Weisgerber, Vorschläge zur Methode und Terminologie der Wortforschung (Idg. Forschungen 46, 1928, S. 307).

Auch die neuere strukturelle Semantik macht unsere Arbeit – die Beschreibung der einzelnen Wortbedeutungen – nicht entbehrlich; denn die Beschreibung eines sprachlichen Feldes oder einer Kollokation wird umso besser sein, je besser die einzelnen Glieder erfaßt sind, wie denn jede Beschreibung einer sprachlichen „Struktur“ primär von der Beschreibung der Teile abhängt (Vgl. Trubetzkoy, Actes du 4e congr. int. de linguistes, S. 122). Über die frühere Geschichte der Bedeutungslehre orientiert: H. Kronasser, Handbuch der Semasiologie (Heidelberg 1952).

[3] K. Nyrop, Gramm. hist. de la langue française, Bd. 4 (Kopenh. [2] 1913, S. 463); L.R. Palmer, An Introduction to Modern Linguistics (Lond. 1936, S. 208).

[4] Bei Bloomfeld hat indessen „meaning“ den Sinn von „Situation“.

menfassen. Jede Synonymik, jeder Thesaurus folgt mehr oder weniger diesem Prinzip[5]. Die weitverbreitete irrtümliche Ansicht besteht darin, daß Klassifikation von Bedeutungen notwendigerweise nach sachlichen Gesichtspunkten erfolgen müsse und deshalb für die Sprachwissenschaft keine Ergebnisse zeitige. Zugegeben: die „Bedeutungen" der Wörter *Hund* und *Katze* zu vergleichen, ist weniger ein Anliegen der Sprachwissenschaft als der Zoologie. Betrachte ich aber den Unterschied zwischen *Mensch* und *Familie,* so muß ich zugeben, daß er die Sprachwissenschaft direkt angeht. Diese Wörter stehen nicht mehr wie *Hund* und *Katze* für verschiedene Lebewesen, sondern das erste steht für eine Einheit, das zweite für eine Mehrheit. Und hier wird niemand argumentieren: „Eine Familie – d.h. mehrere Menschen – ist ein anderes Ding als ein Mensch", vielmehr wird jedermann sich etwa sagen: Wo ein Wort im Singular für eine Mehrheit steht, da liegt eine sprachliche, nicht eine sachliche, Ausnahme vor. Wörter wie *Familie* haben eine andere „innere Form", gehören einem vom normalen verschiedenen Bedeutungstypus an, bilden die unter dem Namen „Kollektiva" seit langem bekannte Sonderklasse.

Niemand hindert uns nun am Versuch, zu diesem anerkannten Bedeutungstypus weitere zu entdecken. Wie unterscheidet sich, fragen wir, *Onkel* von *Mann?* Sicherlich nicht durch die Beschaffenheit der bezeichneten Person, also haben wir wieder keinen dinglichen sondern einen sprachlichen Unterschied vor uns.

Der Verfasser, der anläßlich einer früheren Arbeit[6] auf verschiedene semantische Probleme stieß, hat es in den nachfolgenden Kapiteln unternommen, das, was er als die erste Aufgabe der synchronischen Semantik ansieht, wenigstens skizzenhaft zu erledigen, nämlich eine systematische Klassifikation der Wörter nach ihrem semantischen Typus zu entwerfen. Das gesetzte Ziel, von jedem Wort jeder Sprache aussagen zu können: „es gehört semantisch (nicht formal und auch nicht sachlich) in die und die Klasse", ist damit noch nicht erreicht, wohl aber näher gerückt. Auf jeden Fall glaubt der Verfasser die Grundbegriffe gezeigt zu haben, nach denen eine solche semantische Klassifikation erfolgen muß.

Es wird aus den folgenden Abschnitten deutlich werden, daß man bei der Definition von Wörtern noch präziser vorgehen kann und muß, als dies bis jetzt in den meisten Lexika geschehen ist. Wir können deshalb nur mit einer Sprache beginnen, die wir bis in alle Nuancen hinein kennen, also grundsätzlich mit der Muttersprache. Der Verfasser geht darum vom Deutschen aus, wobei er als Schweizer süddeutschem Sprachgebrauch folgt.[7] Den

[5] Auch diese „Erforschung der Welt an Hand der Wörter" kann sehr fruchtbar sein. Vgl. B. Quadri, Aufgaben und Methoden der onomasiologischen Forschung (Bern 1952).

[6] Die tautologischen Wortpaare in Caxtons „Eneydos" (New York 1947).

[7] So bedeutet *platt* süddeutsch: „flach infolge Einwirkung einer Kraft", norddeutsch oft einfach: „sehr flach" (z.B. „das platte Land").

deutschen Wörtern werden so oft wie möglich die entsprechenden englischen entgegengehalten. Auf diese Weise zeigen sich unter anderem Felder geringerer und weitergehender Deckung der Vokabulare. Eine Sammlung von Deutschfehlern englischer Studenten erwies sich hier als ergiebige Quelle.

Da „Wortbedeutung“ ein mannigfach präjudizierter und umstrittener Begriff ist[8], wird im Folgenden dasjenige Element am Wort, das nicht Laut ist, „Inhalt“ genannt. Der Wortinhalt wird auch nicht, wie das bisher meistens geschah, als „Vorstellung“, „Begriff“ oder sonstwie in psychologischen Termini definiert, da wir von psychischen Tatsachen noch wenig sicheres Wissen haben und die Gefahr von Zirkeldefinitionen („Vorstellungen und Gedanken = Elemente unseres Bewußtseins“, „Bewußtsein = Gesamtheit unserer Vorstellungen und Gedanken“) nahe liegt. Wesentlich solider erschien eine Definition auf soziologischer Grundlage. Sie hat allerdings zur Folge, daß wir uns vorerst auf Konkreta einerseits, Substantive, Verben und Adjektive anderseits beschränken müssen.

An eine weitere Einschränkung, die traditionsgemäß mit der Semantik verknüpft ist, sei noch erinnert: Die Semantik erforscht die Inhalte, die mit den Grundformen der Wörter, bzw. mit den Wortstämmen verknüpft sind. Die Inhalte von flektierten Formen oder von Produkten der Wortbildung behandelt sie grundsätzlich nicht. Komposita könnten, wenn sie nicht mehr als lebendige Zusammensetzungen empfunden werden, der Semantik zugewiesen werden; doch beschränkt sich diese Arbeit einstweilen auf die Grundelemente des Wortschatzes, die Simplicia.

Wenn wir solchermaßen dem Inhalt einzelner isolierter Wörter nachgehen, geben wir uns nicht dem Irrtum hin, es sei damit die Sprache inhaltlich völlig ausgedeutet. Die Wörter mit ihrer gegebenen inneren Form bilden lediglich Bausteine, die im individuellen Sprechakt zu einem neuen, gefühlshaltigen und situationsbezogenen Ganzen gefügt werden, welches mehr ist als die Summe der Teile. Der Vergleich mit der chemischen Verbindung, in der sich das Element oft kaum mehr erkennen läßt, ist hier durchaus gerechtfertigt. Aber ebensowenig wie die Chemie darf sich die Sprachwissenschaft durch die Vielgestaltigkeit der Verbindungen davon abschrecken lassen, der Struktur der Grundelemente, aus denen schließlich alles aufgebaut ist, unablässig forschend nachzuspüren.

[8] Kritik der Begriffe „Bedeutung“ („meaning“) und „Bedeutungslehre“ findet sich u. a. bei H. Straumann, Newspaper Headlines (Lond. 1935) und L. Weisgerber, Die Bedeutungslehre – ein Irrweg der Sprachwissenschaft? (GRM 15, 1927).

B. Verschiedenes und Konstantes an den Sprechakten

Es steht außer allem Zweifel, daß das aktuelle Sprechen (Rede, Sprechakt, engl. speech, frz. parole) eine zeitliche Abfolge von Akten ist, die der Sprecher mit bestimmten Organen (Zwerchfell, Kehlkopf, Kiefermuskeln, Gaumensegel, Zunge, Lippen) ausübt und mit denen er die ihn umgebende Luft so in Schwingungen bringt, daß hörbare Laute entstehen.

Es sind wohl keine zwei Sprechakte sich völlig gleich: sie variieren je nach dem, was gesagt wird, aber auch derselbe Satz klingt anders, wenn er von verschiedenen Personen oder sogar von derselben Person in verschiedenen Umständen gesprochen wird; sogar bei unmittelbar aufeinanderfolgender Wiederholung desselben Satzes werden wir Unterschiede feststellen können, wenn wir uns etwa auf eine Grammophonplatte aufnehmen.

Anderseits hören wir Äußerungen wie: „Er hat denselben Satz gesagt wie X", „Er hat das Wort X mehrmals wiederholt". Wir können einen Satz, ein Wort beliebig wiederholen, und es ist dann immer wieder „derselbe Satz", „dasselbe Wort". Der Sprachgebrauch versteht also unter einem Satz, einem Wort, nicht den individuellen Vollzug des Aktes, sondern den Akttypus, als dessen Verwirklichungen die einzelnen Akte angesehen werden. Wir sagen ja nicht: „Sag noch ein Wort (einen Satz) derselben Sorte!", sondern „Sag das Wort (den Satz) noch einmal!"[9] Zwei sprachliche Akte gelten also als identisch, solange sie denselben Typus verwirklichen, und zwar heißt „einen Typus verwirklichen" einfach: ihm ähnlicher sein als irgend einem andern in derselben Sprache vorhandenen Typus. D. h. der Typus ist durch seine Differenz von allen andern Typen (phonologisch) bestimmt. Es gelingt uns mit Leichtigkeit, einen Sprechakt zu vollziehen, von dem wir behaupten dürfen, er sei nicht nur als individueller Akt mit allen individuellen Eigenschaften, sondern auch als Typus noch nie vorgekommen. Wir dürfen z. B. mit Sicherheit annehmen, daß dies für den eben produzierten Satz, der mit *„Es gelingt"* beginnt und mit *„nie vorgekommen"* endigt, zutrifft, und darüber hinaus für die überwiegende Mehrzahl unserer spontanen Sprechakte von einiger Länge.

Die Neuartigkeit gilt aber nur vom Sprechakt als Ganzes. Denn wir müssen sofort zugeben, daß der Sprechakt in Altbekanntes zerfällt, sobald wir ihn unterteilen: wir haben schon Tausende von Realisationen des Typus *„i"* (d. h. des einzelnen Phonems der deutschen Sprache) gehört, ebenso bekannt und vertraut sind uns Typen wie *„gelingt"*, *„Leichtigkeit"*

[9] Die Gleichheit sprachlicher Elemente vergleicht de Saussure (Grundfragen S. 129) treffend mit derjenigen „der beiden Schnellzüge Genf–Paris 8.45 abends", die mit einem Abstand von 24 Stunden abgehen. „In unsern Augen ist es derselbe Schnellzug, gleichwohl aber sind wahrscheinlich die Lokomotive, die Wagen, das Personal, alles verschieden".

usw. (also diejenigen Phonemreihen, die wir als die Lautkörper unserer Wörter bezeichnen) und schließlich auch Typen wie *„es gelingt uns“*, *„noch nie vorgekommen“* (mehrwortige Fügungen, feste Klischees). Ferner erkennen wir Typen des Satzbaues (der Wortstellung) und, wenn wir sprechen, des Akzents und der Intonation. Die meisten längeren Sprechakte sind wie der zitierte als Ganzes neu, bestehen aber stets aus Einzelteilen, die allen Gliedern der Sprachgemeinschaft von andern Zusammenhängen (andern Sprechakten) her bekannt sind. Diese konstant wiederkehrenden traditionellen Akttypen machen in ihrer Gesamtheit das aus, was wir als eine Sprache, ein Sprachsystem, Idiom (frz. langue, engl. language) bezeichnen. Die Erforschung von Sprachen ist der eigentliche Gegenstand der Sprachwissenschaft. Damit stützen wir uns auf de Saussure (Grundfragen) und auf A. Reichling (Lingua I, 1, S. 20/21): „I say that general linguistics has to study all „categories“ and so I do not say, as Hermann Paul did, that linguistic science would have to catalogue and examine all individual utterances, wherever they may have occurred or occur at this moment, before it may consider its task to be accomplished; an opinion of this kind would make linguistic „science“ strictly speaking only possible after the investigators had first given rein to a sort of pathological collector's mania.“

Zu diesen Akten nun, welche immer wieder vorkommen und in der Ausführung zwar verschieden sind, aber demselben Typus angehören, sind zweifellos auch die Lautkörper der Wörter (das, was man populär bereits als Wort bezeichnet) zu zählen.

C. Das Wort als Brauch

Häufige Akte desselben Typus nennen wir Gewohnheiten. Unsere Sprechakte sind also stets zusammengesetzt aus einer Reihe von „mikroskopischen“ Gewohnheiten. Als eine solche charakterisiert auch Jespersen (in Language, S. 7) das Wort: „The only unimpeachable definition of a word is that it is a human habit, an habitual act on the part of one human individual ... A word may rightly be compared with such a habitual act as taking off one's hat or raising one's fingers to one's cap ...“

Fassen wir noch einmal die Form der Gewohnheit zusammen: mehrfache (vielfache) Aktualisierung eines bestimmten Verhaltenstypus (Verhaltenstypus ist besser als Akttypus, weil es auch Gewohnheiten gibt, die im „Nichtstun“, Schweigen usw. bestehen). Wir sagen etwa, jemand habe die Gewohnheit des Rauchens, oder, wie Jespersen im zitierten Passus, der Gruß sei eine Gewohnheit. Es lassen sich also Gewohnheiten, die durch einzelne Individuen gewissermaßen auf eigene Faust ausgeübt werden (individuelle Gewohnheiten wie das Rauchen) von solchen scheiden, die, wie der Gruß, allen Angehörigen einer bestimmten menschlichen Gruppe[10] gemeinsam sind. Für solche gemeinschaftliche Gewohnheiten verwendet die Soziologie den Terminus Brauch (wobei man die Nebenvorstellungen des Altertümlichen, „Gemütlichen" oder Wunderlichen, die wir in der Umgangssprache oft mit diesem Wort verbinden, wegzulassen hat), englisch: Custom. Der Begriff ist wie folgt definiert (E. Sapir in der Encyclopedia of Social Sciences): „The word custom is used to apply to the totality of behaviour patterns which are carried by tradition and are lodged in the group, as contrasted with the more random personal activities of the individual. It is not properly applicable to those aspects of communal activity which are obviously determined by biological considerations".

Unsere Sprachtypen, die wir zunächst als „mikroskopische Gewohnheiten" bezeichnet haben, beruhen auf einer Tradition und sind – denn sonst wäre eine Verständigung unmöglich – als Typen Gemeingut der Sprachgemeinschaft, also einer menschlichen Gruppe. Was nur individuell ist, gehört ja nicht zur „langue". Sie sind auch nicht Instinkt-, sondern erlernte Handlungen, und zwar von eminent sozialem Charakter, da sie in erster Linie nicht dem isolierten Individuum, sondern der Kooperation, mindestens der Verständigung, zwischen Individuen dienen. Sie fallen also ohne weiteres unter die eben gegebene Definition des Brauches, wenn sie auch unter den Bräuchen in mancher Hinsicht eine Sonderstellung einnehmen. Damit müssen sich auch Erkenntnisse, die wir aus der Betrachtung außersprachlicher Bräuche gewinnen, fruchtbar auf die Sprachwissenschaft anwenden lassen.

D. Beschreibung außersprachlicher Bräuche

Wie hat die Beschreibung eines Brauches zu erfolgen, damit sie ihrem Gegenstand gerecht wird? Sie darf sich nicht in der Beschreibung des wiederholten Aktes bzw. Akttypus erschöpfen. Es ist z.B. unsinnig, weil unvollständig, zu sagen: „Es gibt einen Brauch, wonach man jede Dame küssen darf". Zunächst ist, da Bräuche nicht allgemein menschliches, sondern nur Gruppengut sind, die Angabe der Gemeinschaft erforderlich, innerhalb derer er geübt wird. Also: „Die Engländer haben einen Brauch, wonach ...". Aber auch jetzt bedarf die Beschreibung der Ergänzung; es müssen noch die Bedingungen genannt werden, unter denen die Angehörigen unserer Gruppe den Brauch-Akt ausüben. Da es sich um ein soziales Verhalten handelt, ist auch zu fragen, ob der Brauch-Akt unter diesen

[10] Unter Gruppe versteht die Soziologie eine Zahl von Menschen, die aus irgendeinem Grunde durch Zusammengehörigkeitsgefühle (Wir-Gefühle) und infolgedessen durch Hilfe, Achtung, Solidarität und Kooperation gekennzeichnet ist. Auch die Sprachgemeinschaften sind soziologische Gruppen. Vgl. etwa Vierkandt, Gesellschaftslehre.

Bedingungen von der Gruppe vorgeschrieben oder erlaubt ist. Unsere endgültige Formulierung lautet also etwa: Die Engländer haben einen Brauch, wonach eine Dame geküßt werden darf, wenn sie von einem Herrn (zur Weihnachtszeit) unter einem Mistelzweig angetroffen wird.

Bei der Beschreibung der Bedingungen ist auf folgendes zu achten: Alle und nur alle relevanten (typischen, wesentlichen) Bedingungen müssen genannt sein. Die von Fall zu Fall verschiedene individuelle Ausführung des Brauch-Aktes (des Kusses) ist für die Beschreibung des Brauches unwesentlich, da sie im Brauch selbst nicht als Moment enthalten ist; ebenso ist auch unter den von Fall zu Fall wechselnden Bedingungen irrelevant, ob der Mistelzweig klein oder groß, mit oder ohne Beeren sei. Dagegen muß es ein Mistelzweig sein, und wer den Kuß etwa unter einem Tannenzweig, d.h. unter wesentlich veränderten Bedingungen (unter Bedingungen, die nicht mehr Realisationen des Bedingungstypus sind) wiederholen wollte, der würde von der Gesellschaft sanft mißbilligt oder belacht; jedenfalls wäre der Kuß dann eine Handlung auf eigene Faust (und auf eigene Verantwortung) und könnte nicht mehr als Ausübung eines Brauches angesehen werden. Der Kuß unter dem Tannenzweig stünde grundsätzlich ebenso außerhalb des Brauches wie z. B. ein Streicheln unter dem Mistelzweig. Das heißt, der Brauch fällt als Brauch dahin und wird Individualhandlung: nicht nur, wenn der Akt aufhört, Realisation des betreffenden Akttypus zu sein, sondern auch wenn dabei Bedingungen herrschen, die nicht mehr als Realisationen des zum Brauch gehörigen Bedingungstypus angesehen werden können. Ein Brauch ist also charakterisiert durch den Akttypus (irgend ein Kuß, aber nichts anderes) und den Bedingungstypus (irgend ein Mistelzweig, aber nichts anderes).

Wir können nunmehr einen Brauch allgemein formulieren: Die Angehörigen der Gruppe E (Engländer) erlauben den Handlungstypus K (Kuß) unter dem Bedingungstypus M (unter dem Mistelzweig). Dies ist die Formel für einen erlaubten Brauch. Wäre er vorgeschrieben, wie z. B. der Gruß, so hieße sie: Die Angehörigen der Gruppe E verlangen den Handlungstypus K unter dem Bedingungstypus M.

Wer einen Brauch beschreibt, muß also dieser Formel genügen. Sie verkörpert das Minimum und zugleich auch die obere Grenze der reinen Beschreibung. Was sonst noch über einen Brauch ausgesagt wird, ist bereits Deutung oder Geschichte.

E. Die Sprache als Brauch beschrieben

Von den außersprachlichen Bräuchen zu den Sprachen zurückkehrend, fragen wir uns, wie das eben gewonnene Beschreibungsprinzip auf die

Sprechakte anzuwenden sei. Wir halten von der Beschreibung anderer Bräuche fest: Ein Brauch ist nur dann vollständig beschrieben, wenn die Beschreibung neben dem Akttypus auch den Bedingungstypus umfaßt, welcher den Akt erfordert oder erlaubt.

Wir sind zunächst nicht geneigt, zu glauben, daß der Vollzug eines Sprechaktes, oder wie wir jetzt genauer sagen wollen, der Gebrauch eines Wortes, von irgendwelchen Bedingungen abhängt. Brauchen wir doch jeden Tag unsere Wörter zu Tausenden unter den verschiedensten Umständen. Das spricht allerdings nicht gegen die Bedingtheit des Wortgebrauchs. Vielleicht sind die Bedingungen so kompliziert, daß wir sie gar nicht kennen. Ein Beispiel soll zeigen, wie wir, mindestens unter gewissen Umständen, in dem, was wir sagen, durchaus nicht frei sind. Nehmen wir an, wir haben von unserm Fenster aus abends um 5 Uhr, eines bestimmten Tages, ein Auto vorbeifahren sehen. Wir stehen nun einige Wochen später als vereidigte Zeugen vor einem Gericht und werden über unsere Wahrnehmungen zur fraglichen Stunde befragt. Wir dürfen nun z. B. sagen: „*Ein Auto ist vorbeigefahren*", oder: „*Um 5 Uhr ist ein Auto vorbeigefahren*"; aber nicht: „*Ein Auto ist nicht vorbeigefahren*" und nicht: „*Um 5 Uhr ist kein Auto vorbeigefahren*". Sollten wir einen der „verbotenen" Sätze sagen, so würden wir, falls sich nachher die Wahrheit herausstellte, schweren Sanktionen der Gesellschaft verfallen; denn eigenmächtig veränderter Sprachgebrauch (Lüge, Verbalinjurie, Mentalreservation) kann mit dem Gesetz in Konflikt kommen.

Die Bedingung, welche die ersten beiden Sätze erlaubt, die beiden letzteren aber ausschließt, ist zweifellos die Tatsache, daß damals wirklich ein Auto vorbeigefahren ist. Wäre damals kein Auto vorbeigefahren, so dürften wir auf die Frage des Richters hin keinen der beiden ersten Sprechakte vollziehen. Ob die ersten beiden oder die letzten beiden Sprechakte erlaubt sind, ist also zweifellos eine Folge gewisser außersprachlicher Bedingungen.

Soweit für den ganzen Satz. Fassen wir nun den Vollzug des einzelnen Wortes *Auto* ins Auge. Er hängt nicht nur von der erlebten Situation (Bedingung) „Auto oder nicht" ab, sondern auch von den vorausgehenden oder nachfolgenden Sprechakten: Sowohl das „*k*" im Wort „*kein*" als das „*nicht*" verunmöglicht bei gegebener Bedingung den Gebrauch des Wortes „*Auto*".

Fassen wir zusammen:

1. Der Sprecher ist bei der Ausübung der Sprechakte nicht vollkommen frei, sondern er muß sich an bestimmte „Vorschriften" der Gesellschaft halten. Diese bestehen darin, daß er

a) nicht beliebige Akte, sondern nur solche Akte vollziehen darf, die Realisationen der Akttypen der betreffenden Sprache sind (wir dürfen nicht unartikulierte Laute von uns geben);

b) diese Realisationen von Akttypen nur vollziehen darf, wenn bestimmte Bedingungen vorliegen.

2. Erfüllt er diese Vorschriften nicht (Lüge), so kann er unter Umständen schweren Sanktionen der Gesellschaft verfallen, oder er wird mißverstanden, d.h. er erreicht seinen Zweck nicht.[11]

3. Die Bedingungen, welche den Gebrauch eines Wortes erlauben, können außerhalb der Sprache liegen, sie können sich aber auch in den Sprechakten befinden, die dem Wort-Akt vorausgehen oder nachfolgen.[12]

4. In keinem Fall ist es so, daß unter einer bestimmten Bedingung ein bestimmter Akt vollzogen werden muß; ich darf statt *„Ich habe kein Auto gesehen"* ohne weiteres sagen: *„Damals ist kein Wagen vorbeigekommen"*, usw. usw. Das scheint trivial, aber es ermöglicht eine wichtige Feststellung über die Natur des sprachlichen sozialen Zwanges: er besteht normalerweise nicht in einem Gebot, sondern in einem Verbot. Bei gegebenen Bedingungen also ist es nicht so, daß gewisse Akte vollzogen werden müssen, wohl aber so, daß gewisse Akte gestattet, andere aber verboten sind.[13]

5. Wir haben festgestellt, daß der Sprechakt als Ganzes meist neu und individuell ist, daß er aber aus Bräuchen, eben den einzelnen Wörtern, aufgebaut ist. Im normalen Sprechen, d.h. wenn wir nicht isolierte Worte sprechen, vollziehen wir also nicht einen Brauch, sondern immer eine Folge von („Mikro"-)Bräuchen. Sprechakte unterscheiden sich also durch ihre Natur als Brauchsfolge von den andern Bräuchen, die meistens einzeln erscheinen.

6. Punkt 3 (begleitende Sprechakte gehören mit zu den Bedingungen) und Punkt 5 (kein Sprechakt erscheint normalerweise isoliert) ergeben: Jeder Sprechakt ist normalerweise doppelt bedingt, durch die außersprachliche Bedingung und durch die innersprachliche (= begleitende Sprechakte). Er ist also mathematisch gesprochen eine Funktion mindestens zweier Variablen, d.h. wir sehen vorläufig keine Möglichkeit, von einem festen und einzigen Bedingungstypus eines gegebenen Wort-Akts zu sprechen.

[11] In gewissen Fällen kann der Zweck eines Sprechaktes auch ohne Einhaltung bestimmter Typen erreicht werden, z.B. wenn ein Kind einen Wunsch durch unartikulierte Laute kundgibt und von den Eltern dennoch verstanden wird. Aber in derselben Weise erreicht auch die Hauskatze durch Miauen ihren Zweck, und sicher können wir weder vom Kleinkind noch von der Katze sagen, sie sprechen deutsch oder eine andere bestimmte Sprache. Unsere Grundfrage aber ist, was spielt sich ab, wenn man sich in einer bestimmten Sprache verständigt.

[12] Dadurch unterscheidet sich die menschliche Sprache u.a. von den sog. Tiersprachen.

[13] Nur in seltenen Situationen, z.B. am Traualtar, sind bestimmte Formeln vorgeschrieben.

F. Die Erlernung des Bedingungstypus

Da die Sprache uns bekanntlich nicht wie die Instinkte in die Wiege mitgegeben ist, sondern vom Kind den Erwachsenen abgelernt werden muß, da wir ferner jetzt normalerweise die Wörter unserer Muttersprache richtig gebrauchen, so müssen uns die Bezüge zwischen den einzelnen Wort-Akten und -Bedingungen in den ersten Jahren unseres Lebens in Fleisch und Blut übergegangen sein. Angenommen, wir kennten noch kein Wort der deutschen Sprache und müßten das Wort *Haus* lernen, so könnten wir das zweifellos nicht aus Sätzen wie: *Hier stand mal ein Haus* oder: *Das nächste Haus ist drei Kilometer entfernt,* sondern aus dem Satz: *Das ist ein Haus, Das heißt Haus* oder einfach *Haus,* wobei das Wort *Haus* durch die Betonung hervorgehoben wird und der Sprecher zugleich eine Zeiggebärde macht. Dann nämlich ist das Aussprechen des Wortes *Haus* nur noch unter einer einzigen und zwar außerhalb der Sprache liegenden Bedingung gestattet, nämlich davon, daß sich in der Zeigrichtung ein Haus befindet. In ähnlicher wenn auch nicht systematischer Weise wird der Gebrauch der Wörter einem Kinde beigebracht. Kinder sprechen bis zum Alter von wenigstens 1½ Jahren Einwortsätze, d.h. isolierte Äußerungen. Es ist ganz natürlich, daß sie an der Rede der Erwachsenen zunächst auf einzelne Wörter aufmerksam werden; denn in jedem Satz, und ganz besonders im Gespräch mit Kindern, werden gewisse Wörter durch Stärke und Intonation besonders hervorgehoben. *Da kommt Papa!, Schau, das Lichtlein!, Jetzt wollen wir die Serviette umbinden.* Man kann beinahe sagen, daß jeder zu Kleinkindern gesprochene Satz auf die Hervorhebung eines Wortes angelegt ist.

Was das Kind nachspricht, das sind also zuerst einzelne Wörter, wobei anzunehmen ist, daß sie bei ihm zunächst vorzugsweise eine imperative Funktion ausüben.[14] In welcher Absicht das Kind die Wörter verwendet, braucht uns aber hier nicht zu interessieren; wir fragen uns vielmehr, nach welchen Prinzipien die Erwachsenen den Wortgebrauch des Kindes allmählich korrigieren und richtigstellen. In den meisten Fällen fassen die Erwachsenen die Einzelwörter des Kindes, wie *„Ball!"*, *„Hund!"* usw., die beim Erscheinen des betreffenden Objekts ausgerufen werden, als Benennungen auf. Am Anfang placiert das Kind seine Wortakte oft am falschen Ort, es sagt z.B. *Wauwau* (= Hund) für eine Katze, *butsa* (= Geburtstag) für alles Erfreuliche (Meumann), *please* für ein Brötchen (Jespersen). Die sprachliche Erziehung besteht darin, daß das Kind gelobt wird, wenn es die gleichen Benennungen braucht wie die Erwachsenen, und korrigiert oder

[14] Vgl. Révész, Ursprung und Vorgeschichte der Sprache, S. 219, wo scharfsinnig ausgeführt ist, daß die Priorität des Substantivs nicht zu bedeuten braucht, daß das Kind sich zuerst hauptsächlich für Gegenstände interessiert, sondern lediglich davon herrührt, daß es die Substantive zuerst vorgesprochen bekommt.

ausgelacht wird, wenn es davon abweicht. Die praktische Form der Anerkennung ist, daß das Kind den Wunsch erfüllt bekommt, den es mit der Benennung ausdrückt. Die Erlernung von Wörtern erfolgt also mindestens am Anfang durch den Benennungsakt, der auch Zeigdefinition[15] genannt werden kann. Dieser ist darum der Schlüssel zum richtigen Wortgebrauch, weil in ihm eine eindeutige Beziehung zwischen dem Lautkörper des Wortes und einer bestimmten außersprachlichen Bedingung besteht. Ich darf, in Verbindung mit einer Zeiggebärde, nur dann sagen *„Das ist eine Katze"*, wenn sich in der Zeigrichtung eine Katze befindet; ich darf in Verbindung mit Zeigen nur dann sagen: *„Das ist ein Hund"*, wenn sich in der Zeigrichtung ein Hund befindet. Das scheint eine sehr trivale Feststellung, aber sie ermöglicht uns, die Beziehung zwischen Wort und Ding genau und ohne Benützung psychologischer oder philosophischer Termini wie „Begriff", „Vorstellung", „Gedanke" zu formulieren.

Für ein beliebiges Substantiv gilt nämlich: sein Lautkörper (z. B. *apfel*) kann in Verbindung mit einer Zeiggebärde und nach den Wörtern: *Das ist ein (eine, der, die, das)*[16] dann ausgesprochen werden, wenn bestimmte Bedingungen erfüllt sind (z. B. wenn sich in der Zeigrichtung ein Apfel befindet). Den Wort-Akt oder Lautkörper nennen wir Wortform, die Bedingungen, die den Vollzug des Wortaktes bei der Benennung erlauben, nennen wir Wortinhalt. Durch Angabe von Wortform und Wortinhalt ist ein Wort beschrieben. Das, was sich in der Zeigrichtung befindet (Lebewesen, Gegenstand usw.) nennen wir das Bezeichnete. Da wir in unserer Definition nur von Objekten sprechen, auf die wir zeigen können, ergibt es sich, daß wir uns auf Konkreta beschränken müssen.

G. Die Beschreibung der Wortbedingungen

Wenn wir uns nun an die Beschreibung der Wortinhalte, d. h. der Bedingungen machen, von denen der Wort-Akt abhängt, so hätten wir im eben angenommenen Falle die Merkmale aufzuzählen, die für einen Apfel kennzeichnend sind. Damit scheint unsere Semantik einfach auf eine Beschreibung der „Dinge dieser Welt" hinauszulaufen. Daß dies nicht so zu sein braucht, wurde bereits in der Einleitung festgestellt. Tatsächlich ist unsere ganze Klassifikation so angelegt, daß sie nicht auf sachliche, sondern auf sprachliche Kategorien hinzielt. Ich untersuche z. B. das Wort *Apfel* auf seine relevanten Bedingungen hin. Dabei zeigt sich u. a., daß Bewegung nicht zu diesen relevanten Bedingungen gehört. Ich darf das Wort *Apfel* gebrauchen, gleichgültig, ob der Apfel sich bewegt, z. B. rollt, fällt, oder

15 „Ostensive definition" ist ein geläufiger Terminus der englischen Sprachphilosophie (Russell, Human Knowledge, Lond. 1948, S. 78).

16 Englisch: *This is a (the) ...*

ob er sich in Ruhe befindet. Halten wir dagegen das Wort *Wind.* Es darf verwendet werden für die Luft, aber nur, wenn sich diese in Bewegung befindet. Ist die Luft unbewegt (genauer: nicht fühlbar bewegt), so darf das Wort *Wind* für sie nicht gebraucht werden. Bewegung ist also hier eine relevante Bedingung, mit der das Wort steht und fällt. Damit ist die innere Form des Wortes von derjenigen von *Apfel* durch ein deutliches Merkmal geschieden; wir werden also diese beiden Wörter zwei verschiedenen Kategorien zuzuordnen haben. Als drittes Beispiel diene das Wort *Luft.* Ich kann es auf den Gegenstand Luft anwenden, ob er nun bewegt oder unbewegt ist. Das Merkmal der Bewegung ist irrelevant, womit das Wort in die gleiche Klasse verwiesen wird wie *Apfel.* Was wir sehen ist folgendes: Die sachlich voneinander weit abliegenden Wörter *Apfel* und *Luft* gehören einer sprachlichen Klasse, die sachlich eng verwandten: *Luft* und *Wind* zwei verschiedenen Klassen an. Die sprachliche Verwandtschaft oder Klassenzugehörigkeit braucht also mit der sachlichen durchaus nicht identisch zu sein. Wir haben es in der Hand, durch passende Auswahl der Beispiele zu zeigen, daß der Gebrauch eines Wortes in sehr vielen Fällen gar nicht von der Beschaffenheit eines Dinges, sondern von ganz anderen Bedingungen abhängt, die der Mensch sozusagen „konstruiert" hat.

H. Definition des Adjektiv- und Verbinhalts

Bis jetzt war nur von Substantiven die Rede. Die Adjektive werden am Anfang ebenfalls durch die Zeigdefinition erlernt. Wir definieren deshalb den Inhalt eines Adjektivs als die Bedingungen, unter denen der Vollzug seines Lautkörpers in der Zeigdefinition gestattet ist. Also besteht der Inhalt des Adjektivs *grün* in den Bedingungen, die in der Zeigrichtung herrschen müssen, wenn ich irgendwo hindeute und dazu sage *„Das (er, sie, es) ist grün"*.[17] Nun ist eine Eigenschaft, z. B. eine Farbe, zweifellos kein „Ding", sondern etwas von einem Ding Abstrahiertes. Wir können deshalb auch nie auf eine Eigenschaft zeigen, sondern nur auf Gegestände, oder Lebewesen. Wir wollen deshalb im folgenden nicht die „Eigenschaft", sondern deren Träger „das Bezeichnete" nennen.

Für das Verb bedürfen wir einer Neudefinition des Begriffes „Wortinhalt"; denn beim Verb tritt an Stelle des Benennungsaktes die Aussage. Fragen wir uns, wie Kinder den Gebrauch der Verben erlernen. Während beim Substantiv und Adjektiv der Nominativ am Anfang steht, wird beim Verb zweifellos nicht der Infinitiv, sondern entweder der Imperativ oder die Prädikatform (3. Person Singular oder Plural) verwendet. Der Imperativ ist an sich wohl die eindrücklichste Form und in der eigenen Sprechaktivität

[17] Englisch: *„This (he, she, it) is green"*.

des Kindes die primäre (vgl. Révész S. 215ff.), aber er kommt nur für eine sehr beschränkte Zahl von Verben vor, nämlich diejenigen, zu denen das Kind oder sonst eine Person die befohlenen Akte auch ausführen kann: *Bleib!, Schweig!' Komm!' Wart!' Geh!* Imperative wie *Fließ!, Schein!* usw. sind ausgeschlossen.

Bleibt uns also das Vorkommen des Verbs als Prädikat, das ja naturgemäß auch sehr häufig ist: *Schau, dort läuft er!, Onkel Emil kommt, Jetzt brennts.* Wiederum sind dabei die zum Kind gesprochenen Sätze so betont, daß ein wichtiges Wort hervorgehoben wird, so daß das Kind entweder ein Substantiv oder ein Verb daran lernt. Reproduziert es ein Verb in der 3. Person Singular, so „erläßt" man ihm das Subjekt (Substantiv oder Pronomen) und lobt oder belohnt es, wenn nur das Verb unter den richtigen Bedingungen gebraucht wird.[18]

Aber nur beim kleinen Kind wird das isolierte Verb als eine vollwertige sprachliche Äußerung anerkannt; denn im Deutschen und Englischen muß vor der 3. Person des Verbs ein Subjekt (Substantiv oder Pronomen) stehen. Wählen wir als einfachsten Fall das Personalpronomen, dann ist die Grundsituation, aus der die den Gebrauch des Verbs erlaubenden Bedingungen am deutlichsten erkannt werden, folgende:

Es wird in einer bestimmten Richtung gezeigt. Wenn dabei ein Personalpronomen *(er, sie, es)* und unmittelbar darauf ein Verb in der 3. Person Einzahl ausgesprochen wird, so bilden die Bedingungen, unter denen der Gebrauch eines ganz bestimmten Verbs gestattet ist, den Inhalt des betreffenden Verbs. Z.B. also besteht der Inhalt von *„werfen"* in den Bedingungen, welche erfüllt sein müssen, damit ich, in einer Richtung zeigend, sagen darf: *Er (sie, es) wirft ...*". Wiederum ist es Aufgabe der beschreibenden Semantik, die verschiedenen Inhalte zu untersuchen und zu klassieren, d.h. festzustellen, welcher Art die Bedingungen für die einzelnen Verben sind und wo wir sie zu suchen haben.

Für das Englische haben wir von der progressiven Form auszugehen und definieren z.B. den Inhalt des Verbs *to come* als die Bedingungen, welche den Vollzug der Aussage: *He (she, it) is coming* in Verbindung mit Zeigen erlauben.

Es wird vielfach gesagt, ein Verb „bezeichne" einen Akt oder Vorgang. Tatsächlich ermöglichen uns die Sprachen, z.B. mit dem Infinitiv des Verbs, von Vorgängen allein zu sprechen. In Wirklichkeit gibt es aber in der mit den Sinnen wahrnehmbaren Welt keine Vorgänge im Sinne isolierter oder wenigstens abgegrenzter Erscheinungen. Während ein Gegenstand sich allein und relativ abgelöst irgendwo befinden kann (z.B. ein Stern im Raum, ein Luftballon in der Luft, ein Fisch im Wasser), kann ein „Gehen", ein „Fliegen" sich nie vereinzelt abspielen, sondern es ist im-

[18] Das erste Wort des Verfassers war: *bennt*" (= brennt); ausgesagt von einer Bettflasche.

mer an einen Gegenstand oder an ein Lebewesen gebunden. Diese Bindung von Vorgang und Gegenstand ist nicht nur ein Mit-oder Nebeneinander; wir erblicken ja nie einen Vogel und ein Fliegen, einen Jungen und ein Laufen, sondern einen fliegenden Vogel, einen laufenden Jungen; d.h. unsere Sinne zeigen uns ruhende, sich bewegende oder verändernde Gegenstände oder Lebewesen, aber keine „Vorgänge". Deshalb ist auch das, worauf wir zeigen können, also das Bezeichnete, ein Gegenstand oder Lebewesen. Sollten wir für die Bewegung selbst einen Ausdruck benötigen, so nennen wir sie das mit dem Verb Gemeinte.

II. Die Darstellung des Bezeichneten

A. Der Begriff der Hypostasierung

Wenn ein Mensch ein Wort richtig braucht, so heißt das, daß ihm die Bedingungen, die den Gebrauch des betreffenden Wortes regeln, „bekannt“ sind. Das heißt aber durchaus nicht, daß er sie bewußt kennt und einzeln nennen könnte. Die Analyse des Wortinhaltes auf die einzelnen Bedingungen hin, also die Definition des Wortes, ist eine Sache, die dem unvoreingenommenen Sprachgebraucher durchaus nicht gelingt. Von den Menschen, die ohne weiteres ein Dreieck zeichnen können, wird nur ein verschwindend kleiner Teil imstande sein, *Dreieck* richtig zu definieren. In vermehrtem Maße gilt dies von schwierigeren Wörtern, bei denen selbst die Lexikographen zur Zirkeldefinition greifen (vgl. die Beispiele auf S. 40 und 90).

Die Unfähigkeit des sprachlich Ungeschulten, den zu einem Wort gehörigen Bedingungskomplex aufzulösen, führt zu einer wichtigen Erscheinung, die wir die Hypostasierung durch das Wort nennen.

Wir gehen aus von Jespersens Feststellung, „*Dreieck*“ und „*dreiseitige geradlinige Figur*“ bedeute dasselbe (Philosophy of Grammar S. 93). Rein logisch genommen stimmt das zweifellos; wo immer wir sagen dürfen: „*das ist ein Dreieck*“, werden wir einem Pedanten oder Geometer auch erlauben müssen, zu sagen „*Das ist eine dreiseitige geradlinige Figur*“. Der Unterschied besteht in der verschiedenen Anschauung, die durch die beiden Bezeichnungen suggeriert wird. Rede ich von einem „*Dreieck*“, so wird das Ding – in Termini der Scholastik – als Substanz ohne Akzidentien dargestellt, d. h. als ein Vertreter der Gattung „Dreiecke“; über seine individuelle Beschaffenheit wird nichts ausgesagt. Rede ich dagegen von einer „geradlinigen dreiseitigen Figur“, so wird das Ding aufgefaßt als Substanz (Figur) mit zwei Individualzügen (geradlinig, dreiseitig).

Noch klarer wird die Sache vielleicht, wenn wir dem Einzelwort bereits ein Attribut geben: „*Grünes Dreieck*“ stellt das Objekt dar als „Dreieck“ (Ding an sich, Substanz, Idee, Essenz, Wesen), realisiert in grün (Akzidenz, Individualzug). „*Grüne dreiseitige geradlinige Figur*“ stellt das Objekt dar als: Figur (Ding an sich, Substanz, Idee, Wesen) realisiert durch: grün, dreiseitig, geradlinig (3 Akzidentien, Individualzüge).

Der Inhalt eines Einzelwortes, kraft seiner Natur als Komplex (und nicht als auflösbare Summe) von Bedingungen tendiert dahin, das Bezeichnete als akzidentienfreie Realisation eines „Dinges an sich“ (einer „Substanz“, „Idee“) darstellen. Unsere allgemeine Auffassung gibt dieser Tendenz nach: Die Vorstellung eines

„Dreiecks an sich" erscheint uns, wenn wir an ein „Ding an sich" überhaupt glauben, als nichts Unsinniges, wohl aber die Vorstellung einer „dreiseitigen geradlinigen Figur an sich". Denn das letztere zerfällt ja sofort in das „Ding an sich" (Figur), dessen individuelle Realisation oder Erscheinung, von der wir im Moment sprechen, gekennzeichnet ist durch die Akzidentien oder Individualzüge: „dreiseitig" und „geradlinig", welche außerhalb des „Dinges an sich" stehen.

Die Mythologie,[1] der scholastische Realismus und die platonische Ideenlehre sind die größten Beispiele für die Neigung der Sprachgemeinschaften, jede Erscheinung irgendwelcher Art, sofern sie durch ein Wort bezeichnet werden kann, zu vergegenständlichen (allenfalls zu personifizieren) und mit einer selbständigen, von andern Erscheinungen abgelösten Existenz zu begaben, sie also zur akzidenslosen Substanz zu erheben. Diese Erhebung zur Substanz nennen wir, dem Sprachgebrauch der Philosophie folgend, Hypostasierung.

So drängt uns also die Sprache mehr oder weniger, in „*Reise*", „*Hüfte*", „*Familie*", „*Woge*" einen selbständigen, abgelösten „Gegenstand" zu erblicken, in „*grün*", „*leer*", „*nahe*" eine selbständige, abgelöste „Eigenschaft", in „*stehen*", „*warten*", „*beginnen*" eine abgelöste selbständige Tätigkeit" usw.[2]

Wir haben damit bereits angedeutet, daß es je nach der Wortart verschiedene Formen der Hypostasierung gibt; das Substantiv stellt das Bezeichnete (bzw. das Gemeinte) als Ding dar, das Adjektiv als Eigenschaft und das Verb als Tätigkeit.[3] Was uns nun zunächst obliegt ist, zu prüfen, wie

[1] Vgl. E. Cassirer, Mythos und Sprache S. 69.

[2] Die Tatsache der Hypostasierung wird oft erwähnt, so z.B. bei W.M. Urban (Language and Reality, S. 291): We speak of a *sneeze*, of a *cloud* or of a *mountain* and, by virtue of speaking of them, postulate their integrity as things. Bertrand Russell (Logical Atomism, in: Contemporary British Philosophers, hg. v. J.M. Muirhead, Lond. 1924, Bd. 1, S. 368) sagt: „When the usage has fixed the objects to which the word is to be applied, common sense is influenced by the existence of the word, and tends to suppose that one word must stand for one object, which will be a universal in the case of an adjective or an abstract word. Thus the influence of vocabulary is towards a kind of platonic pluralism of things and ideas." Die Verfälschung unseres Weltbildes durch die Neigung, Abstrakta hypostasiert, d.h. als Personen oder Gegenstände zu sehen, schildert S. Chase in: The Tyranny of Words. Auf der Fragwürdigkeit alles Sprachlichen, damit auch der Hypostasierung durch das Wort, beruht das Beste am Humor Chr. Morgensterns. Morgenstern nimmt die Sprache gleichsam beim Wort: das *Knie*, der *Seufzer*, der *Purzelbaum*, die drei *Winkel*, die *Nähe*, die *Ruhe*, der *Schnupfen* und sogar der *Zwischenraum* erhalten bei ihm vollends die individuelle, abgelöste Existenz, die ihnen das Wort fort und fort verleihen will.

Schon Jahrzehnte vor Morgenstern schuf Lewis Carroll seine „Alice in Wonderland", deren einzigartige Wirkung ebenfalls zum guten Teil auf Sprachkritik beruht (vgl. Verf. in „Neue Zürcher Zeitung" 17.10.1965).

[3] So sagt auch A.H. Gardiner (Speech and Language S. 9/10): The so-called parts of speech (Wortarten) are distinctions among words based not upon the nature of the objects to which they refer, but upon the mode of their presentation. Thus the name of anything presented as a thing is a „noun", and the name of anything presented as an action ... is a „verb".

weit diese Hypostasierung der objektiven Wirklichkeit entspricht, d.h. wie sich die Darstellung zum Bezeichneten verhält. Wir werden uns also beim Substantiv fragen: Ist das Bezeichnete ein Ding; wenn nicht, was sonst? und diese Frage analog beim Verb und Adjektiv wiederholen.

B. Das Substantiv

1. Vorgänge, Eigenschaften, Relationen als Dinge dargestellt

Wir beginnen mit den Substantiven, deren Gemeintes ein Vorgang, ein Zustand (eine Eigenschaft) oder eine Beziehung (Relation) sein muß, d.h. Erscheinungen, die für gewöhnlich durch ein Verb, ein Adjektiv oder ein Adverb bezeichnet werden. Wie es der Natur der Substantiva entspricht, werden diese Vorgänge, Zustände und Relationen durch den Gebrauch des Substantivs mehr oder weniger zu Gegenständen erhoben, womit die Darstellung vom Objektiven stark abweicht. Die Abklärung, was ein Vorgang oder ein Zustand objektiv sei, werden wir einstweilen auf später, d.h. auf die Behandlung der Verben und Adjektive verschieben. Einzelne der Substantive werden auch dort in besonderen Zusammenhängen wiederkehren. Hier beschränken wir uns auf die Nennung einiger Substantive, geordnet nach den Unterschieden in der Natur des Gemeinten.

Vorgänge

Unter Vorgänge rechnen wir auch Handlungen, Prozesse, d.h. allgemein: mit den Sinnen wahrnehmbare Veränderungen. Wie immer beschränken wir uns auf Simplicia, was im Fall der Vorgänge umso eher gerechtfertigt erscheint, als es durch Suffixe, ganz besonders englisch: *-ing*, möglich ist, von jedem Verb ein Substantiv zu bilden. Dagegen nehmen wir Bildungen wie „*Sprung*", welche von einer bestimmten Ablautstufe des Verbs herkommen, auf, da sie synchronisch nicht mehr als Ableitungen, sondern eher als Parallelen zu umgekehrten Verhältnissen (Denominativverba: *knallen* zu *Knall)* empfunden werden. Auch englische Bildungen wie *a ring* = „ein Läuten" können als Simplicia aufgenommen werden.[4]

Substantiva, welche Vorgänge als Dinge darstellen, sind: *Reise, Fahrt, Flucht, Wetter, Blitz, Husten, glimpse; Streit, Krieg* (eine Art Vorgangskollektiv; der Gegensatz: *Friede*, ist ein Zustand), *Spiel, Tanz, Kauf, Tausch, Wurf, Musik* (engl. *music* kann auch die Noten bedeuten).

[4] Wenn man vom nominalen Charakter des Englischen spricht und sagt, daß es vielfach dem Nomen gegenüber dem Verb den Vorzug gebe, so bezieht man sich vor allem auf die Zunahme dieser Gruppe von Substantiven auf Kosten der Verben: *to have a smoke* statt: *to smoke*, heute sogar trotz möglichem Mißverständnis: *I'll give you a ring*, statt: *I'll ring you up.*

Zustände (Eigenschaften)

Auch hier ist die Hypostasierung auffallend: *Schlaf* und *Tod* (Zustand oder Übergang in einen Zustand) waren seit je Götter, mythologische „Substanzen", desgleichen, ins Komische übertragen, Morgensterns „wiederhergestellte *Ruhe*". Für Zustände stehen z.B. die Krankheitsnamen *Mumps, Masern, Scharlach, Fieber* usw. Schwierig einzuordnen (Massenwörter oder Zustände?) sind die Wörter für Gerüche: *Geruch, smell, odour, perfume, stench* etc. Sehr häufig sind die Substantive, die für „innere" Zustände stehen: *Liebe, Haß, Zorn,* doch fallen sie als Abstrakta außerhalb den Rahmen dieser Arbeit.

Relationen

Zur Bezeichnung reiner Beziehungen dienen offenbar nur abgeleitete Substantiva: *Nähe, Ferne, Nachbarschaft.* Häufig sind dagegen die Wörter, die ein Ding oder Lebewesen bezeichnen, das in einer bestimmten Beziehung zu einem andern stehen muß, z.B. *Onkel.* Hierüber vgl. unten, S. 80f., 89, 91f.

2. Individuativa

Auch wenn das durch ein Substantiv Bezeichnete nicht ein Vorgang, eine Eigenschaft oder eine Relation ist, gibt es immer noch verschiedene Grade der Objektivität. Da das Substantiv sein Bezeichnetes als Individuum darstellt, sind ohne Zweifel die objektivsten Substantive diejenigen, deren Bezeichnetes tatsächlich ein Individuum sein muß. Unter Individuum verstehen wir dabei einen Gegenstand (oder ein Lebewesen), welcher insofern isoliert und selbständig ist, als er von dem Platze, auf dem er sich befindet, ohne Schaden an einen anderen gebracht werden kann, andererseits aber, wie der Name sagt, nicht ohne Zerstörung oder Verletzung geteilt werden kann.[5] Wir nennen diese Substantive Individuativa – ein nicht sehr eleganter Ausdruck, der aber wenigstens die Entsprechung zu den nachfolgenden Kategorien der Kollektiva, Partitiva und Privativa andeutet. Individuativa sind außerordentlich häufig und machen wahrscheinlich die zahlreichste Gruppe der Substantive überhaupt aus. Es gehören hierzu Wörter wie *Mensch, Schlüssel, Apfel* (genau genommen nur für den gepflückten Apfel), alle Tiernamen, *Buch, Bleistift, Teller, Messer,* auch *Wolke* usw. Auch *Pflanzen* können wohl noch als Individuen bezeichnet werden.

[5] Damit nehmen wir einen „makroskopischen" Standpunkt ein. Auch das „unteilbare" Individuum zerfällt natürlich mit modernen Mitteln betrachtet in eine Vielheit von Teilchen, Kräftefeldern oder Prozessen. Aber unsere Frage geht nicht nach absoluter Wahrheit, nur danach, wie das sprachliche gegenüber dem rein sinnlichen Weltbild verändert ist.

Individuativa können auf verschiedene Weise bedingt sein. In einem Fall wie *Apfel, Buch, Bleistift* ist sowohl eine bestimmte Substanz wie eine bestimmte Form Bedingung für das Wort. Das gilt für die meisten Individuativa.[6]

Von ihnen zu unterscheiden sind diejenigen, die nur die Form (*Würfel, Quader, Prisma, Zylinder, Ring, Reif = hoop*) und diejenigen, die nur die Substanz zur Bedingung haben *(ein Glas, a glass, ein Eisen, an iron, ein Holz, a tin)*.[7] Außerdem gibt es noch eine Zwischenkategorie, wo sowohl die Form als auch die Substanz nicht genau festgelegt ist aber wiederum auch nicht völlig frei ist. Hierher gehören *Klumpen, lump, Klotz, Scholle, Brocken, clod, clot, sheet* usw. Diese Klasse ist dadurch interessant, daß ihre Wörter einen von Sprache zu Sprache verschiedenen Inhalt haben, sich also fast nie direkt entsprechen und darum oft schwer übersetzen und erlernen lassen. Die Wörterbücher definieren hier auch oft ziemlich vage *(clod* = lump, *lump* = unshapely mass), was umsomehr zu bedauern ist, als wir hier besonders auf sie angewiesen sind. Meist ist der Substanzbereich in beiden Sprachen verschieden. Eine tabellarische Übersicht soll dies zeigen.

Klumpen	gemeinsam:	*lump*
Gold (engl. *nugget)*	Lehm	
	Teig	Kohle (dtsch. *Brocken)*
Blut (engl. *clot)*	Butter	Zucker (dtsch. *Stück)*
	Eisen	
	Blei	

Der Stoffbereich ist also z.T. gemeinsam, für die sich nicht deckenden Bereiche läßt sich sagen, daß *Klumpen* noch das Feuchte und Formbare umfaßt, *lump* noch das Trockene und Spröde. Oder in andern Worten, die Bereiche decken sich ungefähr, wenn *lump* durch *clot* und auf der andern Seite *Klumpen* durch *Brocken* ergänzt wird. *Brocken* wiederum unterscheidet sich von *morsel* wie folgt:

Brocken	gemeinsam:	*morsel*
	Brot	
Fels		andere Speisen.
Kohle		

[6] Sofern sie nicht wie *Tisch* primär durch den Zweck bedingt sind vgl. unten S. 93f.

[7] Ohne Artikel sind sie Massenwörter; vgl. S. 35.

Hier zeigt sich natürlich noch die Etymologie von *Brocken* als Abgebrochenes, *morsel* als Bissen.

Deutsch *Ballen* geht für verschiedene rundliche, weiche, formbare Gegenstände (Butter, Stoff), englisch *bale* entspricht ihm nur für eine ballenförmige Packung. Deutsch *Block* und englisch *block* stimmen ziemlich genau überein. Das Deutsche hat aber daneben noch *Klotz,* das sich durch das Element des Unregelmäßigen, schwer zu Behandelnden, Ungefügen, von *Block* unterscheidet. Ist das Material Holz, läßt es sich am besten mit *log* übersetzen, sonst muß man zu *block* greifen. Teilweise Überdeckung findet man auch bei *Blatt* und *sheet.*

Blatt		*sheet*
	gemeinsam: Papier	
Baumblatt (engl. *leaf)*		Tuch Metall (dtsch. *Blech)* Eis (dtsch. *Scholle)*

Sehr schwierig zu übersetzen sind oft *Zapfen* und *Scheibe. Zapfen* ist gekennzeichnet durch zylindrische oder konische Form, das Material ist entweder Holz (auch bei Tannzapfen), Metall oder Eis. Das Englische kennt dafür eine große Anzahl von Wörtern, die sich nach dem Material oder nach der Funktion unterscheiden: einerseits *cone* (Tannzapfen), *icicle* (Eiszapfen), *cork,* anderseits *tap, plug, faucet, bung* (zum Verstopfen), *tenon, pin, peg* (Verbindungsmittel), *pivot* (Drehzapfen, Angel), *spigot, spile, gudgeon* (besondere technische Funktionen).

Die englischen Entsprechungen von *Scheibe* sind danach geschieden, ob die Dicke des Gegenstandes wichtig ist oder nicht. Ist der Gegenstand praktisch flach, wird *disc* gebraucht, hat dagegen auch die dritte Dimension eine Funktion, so wird entweder nach der Substanz oder nach der Funktion unterschieden: *slice* (Brot, Früchte), *honeycomb* (Honigscheibe), *pane* (Fensterscheibe), *sheave, pulley* (in mechanischen Funktionen, bes. Riemenscheibe).

Scholle muß, wenn auf Erde angewendet, mit *clod* übersetzt werden, bei Eis dagegen mit *sheet. Laib* und *loaf* sind gemeinsam anwendbar auf Brot, darüberhinaus *Laib* für Käse, *loaf* für Zucker (deutsch: *Stock)* und Kohl (deutsch: *Kopf).* Deutsch *Stange* und *Stab* sind schwer abzugrenzen; offenbar ist das mit *Stange* Bezeichnete im allgemeinen länger und kräftiger, aber der Stab für den Stabhochsprung ist eine typische Stange! Die englischen Entsprechungen verteilen sich ungefähr wie folgt:

Stange	*Stange* oder *Stab*	*Stab*
pole (nur Holz)	*bar* (Hauptzweck: Absperrung)	*staff* (eher archaisch)
mast (befestigt)	*rod* (versch. techn. Verwendungen, sonst: *Rute)*	*wand* (zum Zaubern)
Spezialwörter wie *roost, perch* (für Hühner)		

Diese Individuativa mit loseren Form- und Substanzbedingungen bilden also eine Klasse, in der die Wortinhalte der verschiedenen Sprachen stark auseinandergehen. Die Wörterbücher definieren hier oft ziemlich vage und im Kreise herum. Dabei sind diese Wörter doch einigermaßen bestimmbar und vor allem sehr wichtig, nicht nur durch die häufige Verwendung im Alltagsleben, sondern auch als Metaphern.

3. Kollektiva

a) Gruppenkollektiva

Die Kollektiva sind als Kategorie längst bekannt, sie werden aber vom Anglisten in der Regel innerhalb der Syntax behandelt. Mit welchem Recht nimmt der Semantiker sie für sich in Anspruch? Es muß auffallen, daß die deutschen und englischen Grammatiken, obwohl der Begriff „Kollektiv" im Deutschen und Englischen genau dasselbe bedeutet, die Kategorie der Kollektive in der Regel an ganz verschiedenen Stellen erscheinen lassen.

In den deutschen Grammatiken erscheint das Kollektiv gern im Kapitel „Wortbildung" und es wird dabei untersucht, welche Wortbildungselemente verwendet werden, um aus dem gewöhnlichen Substantiv (Individuativ) ein Wort mit Kollektivbedeutung zu machen (z.B. Präfix und Umlaut in *Wurm: Gewürm).*

Die englische Grammatik behandelt die Kollektive meist an anderer Stelle. Dem deutschen analysierbaren Kompositum entspricht im heutigen Englisch oft ein Simplex, z.B.: *Mannschaft = team, Personal = staff, Besatzung = crew, Geflügel = fowl;* so daß die Analyse der noch lebendigen Bildungselemente wenig ergiebig ist. Dagegen sind im Englischen die Kollektiva syntaktisch interessant und erscheinen demzufolge im Kapitel „Numerus", da gewisse Kollektiva, besonders diejenigen, die Lebewesen bezeichnen, im Gegensatz zum erwarteten Singular den Plural des Verbs nach sich ziehen (z.B. *my family are early risers).*

Wenn die Verschiedenheit der Behandlungsweise nicht auffällt, so muß es doch anderseits auffallen, daß sowohl Wortbildungslehre als Syntax, ja sogar beide zusammen, nur einen Teil aller Kollektive umfassen. Das Wort „*Familie*", das heute als Simplex betrachtet werden muß, geht in einer deutschen synchronischen Grammatik leer aus, ebenso „*forest*" in einer englischen.

Wenn die Kollektive in der Morphologie und Syntax nicht aufgehen, so beweist das nur, daß sie eben als Ganzes keine morphologische oder syntaktische Kategorie sind, sondern eine semantische. Jedermann spricht ja auch davon, daß ein gegebenes Wort „Kollektivbedeutung" habe. Welche morphologischen Mittel nötig sind, um aus einem Individuativ ein Kollektiv zu machen, und, wie sich das Kollektiv syntaktisch verhält, das sind sekundäre Fragen, die die semantische Kategorie der Kollektive bereits voraussetzen. Die semantische Kategorie der Kollektiva aber kann nicht in einer traditionellen Grammatik Platz finden, sondern nur in einer beschreibenden Semantik, wie sie die vorliegende Arbeit skizziert.[8]

Wir definieren das Kollektiv (genauer: Gruppenkollektiv) als ein Substantiv, dessen Bezeichnetes eine Mehrzahl von Individuen sein muß. Wir nennen als Beispiele: *Familie, Gruppe, Sippe, Partei, Kompanie, crowd, swarm, team, crew, gang, Herde, pack, flock, bevy*[9] für Lebewesen, *Zug, Bibliothek, Dorf, Stadt, Wald* für Dinge. Dadurch, daß diese Wörter Substantiva und Simplicia sind, stellen sie uns das Bezeichnete als Individuum dar. Das Bezeichnete entspricht dieser Darstellung nicht: diese Wörter hypostasieren also weniger objektiv als die Individuativa.

Es ist aber zu sagen, daß die Individuen, die durch diese Kollektiva bezeichnet werden, meist in mehr oder weniger begrenzter Anzahl in einer als Ganzes überschaubaren Gruppe vereinigt sein müssen. Solche Gruppen können natürlich ihrerseits in beliebiger Anzahl vorkommen, weshalb solche gewöhnlichen Kollektiva zählbar sind (*3 Familien*) und eine Pluralform besitzen.

b) Genuskollektiva

Genuskollektiva (engl. generic nouns) sind Wörter, die in der Einzahl nicht für eine Gruppe von Individuen, sondern für das ganze Genus (für die ganze Klasse) stehen, z.B. *Wild.* Von der Zeigdefinition ausgehend, müssen wir sagen: Ich kann sagen: „*das ist Wild*", unbekümmert um die Anzahl der Lebewesen vor mir. Die Anzahl kann sich theoretisch von einem Individuum bis zu allen vorhandenen erstrecken. Von dieser solchermaßen „offenen" Anzahl gibt es natürlich keinen Plural; soll der Singular oder eine bestimmte Anzahl mitgeteilt werden, so muß mit Spezi-

[8] Ähnlich trotz des Titels Jespersens „Philosophy of Grammar", dem das vorliegende Kapitel viel verdankt.

[9] Weitere vgl. Jespersen, Modern Engl. Grammar I, 4. 7ff.

fikativen wie „*a piece of*“ usw. gearbeitet werden, z.B. *ein Stück Vieh, a head of cattle, a piece of furniture.*

Genuskollektiva sind besonders häufig bei Tiernamen: *cattle, Vieh, poultry, fowl, Wild, deer, vermin, game* (im Deutschen tritt an Stelle des Simplex vielfach die Bildung mit Präfix und Umlaut: *Gewürm, Geflügel, Ungeziefer),* selten bei Menschen: *clergy, police,* und Dingen: *furniture.*[10]

Auf den schwankenden Gebrauch mancher Wörter, daß z.B. *fish* oder *Wild* das Individuum und die offene Anzahl bezeichnen können, sei hier nur kurz hingewiesen.

Dagegen interessiert uns ein grundsätzlicher Unterschied in der Funktion der Gruppen- und Genuskollektiva innerhalb unseres Wortsystems. Halten wir beide dem Individuativ gegenüber, z.B.

Individuativ: *Rind*
Gruppenkollektiv: *Herde*
Genuskollektiv: *Vieh,*

so stellen wir fest, daß das Individuativ eigentlich nur vom Gruppenkollektiv wirksam ergänzt wird. Das Gruppenkollektiv „schafft“ aus mehreren Individuen eine höhere Einheit, mit der leichter als mit einer Vielheit operiert werden kann. Die Funktionen von *Rind* und *Herde* sind klar geschieden. Vergleichen wir dagegen Individuativ und Genuskollektiv. Es wird ausgedrückt:

	Singular	bestimmte Anzahl	unbestimmte Anzahl
mit Individuativ:	*ein Rind*	*drei Rinder*	*Rinder*
mit Genuskollektiv:	*ein Stück Vieh*	*drei Stück Vieh*	*Vieh*

Während die gewöhnlichen (Gruppen-)Kollektiva *(Herde* usw.) nie die Stelle von Individuativa einnehmen können und anderseits auch ein Individuativ nie ein Gruppenkollektiv ersetzen kann, lassen sich Individuativ und Genuskollektiv (in Verbindung mit Spezifikativa) gegenseitig vertauschen. Entfernte man die Genuskollektiva aus dem Deutschen oder Englischen, so würde keine entscheidende Lücke in diesen Sprachen entstehen. Anderseits läßt sich durchaus eine Sprache denken, die überhaupt keine Individuative besitzt und deren Funktion ausschließlich durch Genuskollektiva (und Spezifikativa) besorgen läßt. Die so charakterisierte Sprache ist nun keine bloße Hypothese, sondern sie existiert tatsächlich in Gestalt des Chinesischen. Das Chinesische kennt wie unsere Sprachen Gruppenkollektiva *(tang* = Partei), Stoffnamen *(shui* = Wasser); dagegen heißt *jen* nicht, wie übersetzt wird, *Mensch,* sondern *offene Anzahl Menschen, shu*

[10] Diesen Genuskollektiven mit offener Anzahl stehen solche gegenüber, die tatsächlich nur für die ganze Klasse stehen, z.B. *Menschheit, Christenheit.* Da sie der Zeigdefinition unzugänglich sind, gehören sie zu den eigentlichen Abstrakta.

nicht *Buch*, sondern *offene Anzahl Bücher*. Einzahl und bestimmte Anzahl werden mit Spezifikativa gebildet, z.B. *i ko jen = ein Stück Mensch(en) = ein Mensch;* daher Pidgin-English: *one piecee man.*

c) Massenwörter

Die zweite von den gewöhnlichen Kollektiva zu scheidende Gruppe machen diejenigen Wörter aus, die wir nach Jespersen (z.B. Modern Engl. Grammar u. Philos. of Gr. S. 198ff.) Massenwörter nennen wollen: ... words which do not call up the idea of some definite thing with a certain shape or precise limits. I call these „mass-words". Wir betrachten zunächst diejenige Gruppe von Wörtern, die eine Masse bezeichnen, die in makroskopische, d.h. dem bloßen Auge sichtbare Teile zerfällt, z.B. *Sand, Kleie, Asche,*[11] *Hirse, Reis, Puder, Kehricht, Korn, Staub, Pulver, Kies, Schutt, Geld* usw. Gegenüber den gewöhnlichen (Gruppen-)Kollektiva unterscheiden sie sich dadurch, daß nur die Masse, nicht aber die einzelnen Teile praktisch gebraucht werden können, weshalb die Sprachen für die Einzelteile meist kein Simplex mehr kennen, so daß wir zu Komposita wie *Sandkorn, Pulverkorn, Aschenteilchen* etc. greifen oder für den Einzelteil den gleichen Namen setzen müssen wie für die Masse (*Korn*).[12]

Eine zweite Gruppe der Massenwörter tendiert semantisch schon durchaus gegen das Adjektiv[13] hin; es sind diejenigen Wörter, welche für homogene Substanzen stehen: für feste *(Eisen, Holz, Stein, Gold, Käse, Fett* usw. d.h. Stoffnamen), für flüssige *(Wasser, Milch, Wein, Öl* etc.) oder gasförmige Körper *(Luft, Gas, Dampf, Rauch, Nebel;* hierzu gehören grundsätzlich auch die Namen für bewegte Luft: *Wind, Sturm, gale, Brise, Bise, Föhn* etc.). Dann auch für Mischungen verschiedener Aggregatszustände: *Schaum, foam, Gischt* (Wasser und Luft); für Halbfestes: *Schnee, Reif, mud. Brei* hat im Englischen keine genaue Entsprechung, die englischen Äquivalente sind alle durch Material- oder andere Bedingungen weiter eingeschränkt: *porridge* (Hafer), *pulp* (Früchte), *pudding* (im Fall von *milk* oder *sago pudding), mud* (Erde), *paste* (Konsistenz), *pap* (Zweck: für Kinder oder Kranke), *mash* (Entstehung: durch Zerdrücken).

Wenn diese Massenwörter mit dem unbestimmten Artikel gebraucht werden, bezeichnen sie bei festen Körpern einen Gegenstand aus dem be-

[11] Im Englischen treten an Stelle der Kollektiva bisweilen Pluralia tantum: *ashes, dregs, sweepings.*

[12] „*Kies*" ist eine Zwischenstufe, zwar mit dem Simplex für den Einzelteil „*Kiesel*", das sich aber noch ziemlich deutlich als Diminutivableitung zu *Kies* zeigt, ähnlich wie „*Stäubchen*" zu „*Staub*". Zu *gravel* gehört *pebble,* dies ist eine echte Ausnahme.

[13] So stark, daß diese Substantive die prädikativen Adjektive als neutrales Bezeichnungsmittel verdrängt haben. *Hölzern, eisern, käsig* haben heute einen andern, übertragenen Sinn, dasselbe gilt für *golden, silvern, leaden.*

treffenden Stoff *(ein Stein, ein Eisen, ein Holz, a tin)* und sind dann Individuativa (vgl. S. 29). Bei Flüssigkeiten bezeichnen sie eine Portion: *eine Suppe, one tea,* bei allen Substanzen daneben auch eine bestimmte Spezies: *ein Holz, ein Wein, ein Gas.*[14]

4. Partitiva

Wenn auch die Kollektiva hauptsächlich ihres formalen oder syntaktischen Habitus wegen systematisch behandelt werden, so sind sie doch seit je auch als semantische Sonderkategorie empfunden worden: man spricht von „Kollektivbedeutung" eines Wortes, ist sich also im Grunde genommen einig, daß sich Kollektiva primär bedeutungsmäßig von andern Substantiva unterscheiden. Sie stehen nicht wie die andern „Dingwörter" für ein Ding, sondern für mehrere, widersprechen damit der Regel, nach der ein Substantiv ein Individuum bezeichnet. Hat das Kollektivum Anspruch auf gesonderte Betrachtung, so haben es offenbar auch alle andern Substantiva, die nicht für ein Individuum stehen. Diese gruppieren sich in zwei Kategorien, welche zusammen wohl ebenso häufig sind wie die Kollektiva, nämlich die Partitiva und die Privativa. Unter Partitiva seien diejenigen Substantiva verstanden, deren Bezeichnetes ein unselbständiger Teil eines Individuums sein muß. Wie bei allen „Dingwörtern" besteht auch hier wieder die Tendenz, das Bezeichnete als Individuum zu sehen, womit die Darstellung ebenso wie bei den Kollektiva von der objektiven Wirklichkeit abweicht.[15]

Beispiele sind: *Wange, Hüfte, Schläfe, Gipfel, Ecke, Rand, Hügel, Berg, Scheitel, Bein* usw. usw. Man mag einwenden, daß wir uns beim Gebrauch solcher Wörter ja durchaus bewußt seien, daß man einen unselbständigen Teil bezeichne. Es ist aber doch so, daß die Substantiva, welche für Teile stehen, in derselben Weise verwendet werden wie diejenigen für Individuen, und daß ferner die Anschauung, daß ein Substantiv ein Dingwort sei, unbewußt in uns weiterlebt, bis uns etwa ein genial-humorvoller Sprachkritiker wie Morgenstern, der die Sprache „beim Wort nimmt" („Ein *Knie* geht einsam durch die Welt ..."), seltsam aufschreckt!

Wenn für einen unselbständigen Teil ein Wort existiert, so schärft es immer den Blick für diesen Teil, hebt ihn aus seiner Umgebung heraus und

[14] Das Österreichische neigt zur Setzung des Artikels, auch wenn Quantität und Spezies beliebig ist: *Hast du ein Geld? Weiß wie eine Milch.* Ebenso mittelhochdeutsch: *Noch wizir danne ein snê.*

[15] Wenn die Partitiva bis jetzt nicht als Sonderkategorie behandelt worden sind (es gibt unseres Wissens keine Darstellung dieser Wörter als Sondergattung), so rührt das daher, daß sie keine besonderen formalen und syntaktischen Eigenheiten haben, die sie von den normalen (Individuativ-)Substantiven scheiden. Der Unterschied ist ein rein semantischer und demzufolge zwar gewiß stets empfunden, aber nicht systematisch dargestellt worden.

gibt ihm mindestens den Schein isolierter Existenz.[16] Der Verfasser, um ein Beispiel dafür zu geben, war lange der Meinung, daß das Wort „*Oberlippe*" nur den roten Teil (der die äußere Mundform ausmacht) bezeichne, und erfuhr erst spät, daß es eine andere und wohl geläufigere Bedeutung des Ausdrucks gibt, nämlich: die ganze Partie zwischen Mundspalte und Nase, umfassend das Stück, wo bei manchen Männern ein Schnurrbart zu sein pflegt. Diese Entdeckung erwies sich insofern als bedeutsam, als der Verfasser für diesen Teil sofort eine geschärfte Anschauung erwarb und die Gesichter der Leute nun anders ansieht: er kann die ihm begegnenden Personen in solche mit langer und solche mit kurzer Oberlippe einteilen, er behält gewisse Gesichter besser im Gedächtnis als vorher und weiß auch genauer, daß Leute, an denen er vorher nur eine vage Ähnlichkeit empfunden hat, sich in der Oberlippe gleichen; dies alles, weil die Oberlippe durch den Besitz des Wortes für ihn wenn nicht gerade zum „Gegenstand", so doch zum begrenzten und mehr oder weniger selbständigen „Bereich" erhoben worden ist, also zweifellos Hypostasierung zur Substanz, der man von Fall zu Fall verschiedene Akzidentien zuerkennen kann, erfahren hat.

Ein zweites Beispiel von viel allgemeinerer Geltung, weil nicht in der Erfahrung eines Einzelnen, sondern in der Verschiedenheit zweier Sprachen begründet, liefert das englische Wort *palm* im Vergleich mit den deutschen Ausdrücken *Handteller* oder *Handfläche.* Das Deutsche besitzt als Bezeichnung für diesen Teil des Körpers kein Simplex,[17] sondern nur zwei Komposita, die eher dem wissenschaftlich beschreibenden als dem umgangssprachlich-volkstümlichen Sprachgebrauch angehören. Im Englischen nun, wo dieser Teil durch ein Simplex bezeichnet werden kann, wendet sich ihm die Aufmerksamkeit viel mehr zu als im Deutschen, es existieren verschiedene Redensarten mit „*palm*", ein abgeleitetes gleichlautendes Verb; in der Elisabethanischen Zeit wurde an diesen Teil gar eine kleine Philosophie geknüpft: „*hot and moist palm*" galt als Zeichen der Leidenschaft usw., worauf man nur Shakespeares „Winter's Tale" und „Othello" anzusehen braucht. Der Zusammenhang zwischen der Existenz eines Simplex für einen Körperteil und dem Eigenleben und Eigenwert dieses Teils in der Anschauung jener Sprachgemeinschaft ist wohl kaum ein bloßer Zufall. Wobei sich allerdings eine Wirkung in einer einzigen Richtung schwerlich annehmen läßt (z.B. entweder: das vorhandene Simplex schafft sich eine Anschauungskategorie, oder: geschärfter Blick auf jenen Teil ruft nach einem Simplex, das daraufhin aus dem Lateinischen entlehnt wird), sondern man hat sich das Verhältnis wie alle Beziehungen zwischen Sprache und Denk- oder Auffassungsweisen wechselseitig vorzustellen.

[16] Vgl. Révész: Ursprung und Vorgeschichte der Sprache, S. 124/5.

[17] Dies beklagte u.a. Rilke, vgl. Salis, Rilkes Schweizer Jahre, S. 140.

Zu den Partitiva sind auch verschiedene Wörter zu zählen, die gemeinhin zu den Wörtern für „Gegenstände" (Individuen) gezählt werden, also z.B. *Berg*. Zweifellos ist ein Berg nur eine Bodenerhebung, fest mit seiner Unterlage verbunden, also kein Individualobjekt im definierten Sinne, und die populäre Auffassung, daß ein Berg ein Ding für sich sei *(Berge „wandern", Berge „versetzen")* bekundet lediglich von neuem die Tatsache, daß etwas, das objektiv ein Teil ist, durch das Wort zu einem Ganzen hypostasiert wird.

Wenn wir wiederum auf die den Wortgebrauch erlaubenden Bedingungen sehen, so können wir bei den Partitiva fünf Klassen unterscheiden.

Die erste Gruppe umfaßt Wörter, bei denen die bezeichneten Teile ganz bestimmte Bedingungen hinsichtlich Form und Substanz erfüllen müssen. Hierbei lassen sich zwei Untergruppen unterscheiden, je nachdem die Teile deutlich abgegrenzt sind oder nicht. Deutliche Abgrenzung kann sich daran zeigen, daß der Teil eine andere Farbe (*Lippe)* oder Konsistenz *(Auge)* hat als die Umgebung, oder dadurch, daß der Teil hervorragt und durch eine Ebene vom Rest des Individuums geschieden werden kann *(Berg, Nase, Arm, Bein, Fuß, Finger, Zehe, Horn, Ast, Zweig, Blatt).*

Zu den Wörtern für Teile ohne deutliche Grenze gehören vor allem die Bezeichnungen gewisser Körperpartien: *Wange, Schläfe, Hüfte, Lende,* auch *Stirn (forehead, brow), Sohle, palm, Schulter.* Die ungenügende Bestimmung, in einigen Fällen verbunden mit Schamhaftigkeit, hat es mit sich gebracht, daß viele Wörter dieser Kategorie im Verlauf der Geschichte gleichsam am Körper herumgewandert sind. Man vergleiche hierfür gotisch *kinnus* (Wange) mit *Kinn;* engl. *brow* wandert von der Braue zur Stirne, dem lat. *coxa* (Hüfte) entspricht *Haxe*, das gleiche Morphem heißt in andern idg. Sprachen Achselhöhle und Fuß. Jüngeren Datums sind die Wanderungen von *Busen, Büste* und französisch *gorge.*

Eine zweite Gruppe bilden die Wörter für Teile, deren Form und Substanz nur noch allgemeinen Bedingungen genügen müssen, z.B. Rundlichkeit, Härte, Weichheit). Mit Blick auf das Wortsystem lassen sich diese Wörter von der vorhergehenden Gruppe wie folgt abgrenzen: die ersteren bezeichnen Teile von Dingen, die einer einzigen Klasse zugerechnet werden (die *Nase* ist immer ein Teil des Kopfes). Die letzteren dagegen bezeichnen Teile, die von Individuen verschiedener Klassen stammen können, von Dingen, für die es kein geläufiges gemeinsames Wort mehr gibt, z.B. Haut, Fleisch und Tuch bei *Lappen.*

Hierzu gehört deutsch *Falte,* verwendbar für Tuch und Haut, wogegen engl. *fold* nur für Tuch möglich ist und bei der Haut durch *wrinkle* ersetzt wird. *Lappen* hat keine direkte Entsprechung, bei Stoff wäre es etwa durch *flap* (anything that hangs broad and loose, fastened only on one side), bei Fleisch durch *lappet* zu übersetzen. *Zipfel* steht für ein weiches, konisches, abgebundenes Ende bei Wurst, Zipfelmütze (engl. *end)*, oder für eine etwas vorstehende Ecke bei Stoff *(corner). Tuft* steht für angewachsene Federn, Gräser, *Schopf* dagegen für Haare und Federn. Ist bei diesen Wörtern eine gewisse Weichheit des Materials Bedingung, so wird anderseits Härte verlangt bei *Zacken (jag* bei Felsen, *spike* bei Mauern), *Gipfel, Ecke, Kante, Grat, Spitze, peak* (für Berge, Schiffe). Natürlich stehen die Bedingungen der Härte und Weichheit im Zusammenhang mit der Formbedingung: eine weiche Substanz ergibt seltener scharfe Formen als eine harte. Wörter, die eine bestimmte Form aber unbestimmte Substanz zur Bedingung haben, sind selten: *Wulst* (wohl auch für Hartes verwendbar) und *Ecke, corner* (Hartes und Tuch), ferner die mehr wissenschaftlichen Begriffe wie *Fläche, Ebene, Wölbung.*

Eine dritte Gruppe bilden die Wörter, deren Bezeichnetes sich an einem bestimmten Ort am Individuum befinden muß. In vielen Fällen ist dabei Form und Substanz mehr oder weniger gleichgültig. So kann ein *Ende* spitz oder stumpf, hart oder weich sein (Schnur, Stock), dasselbe gilt für engl. *end; tip* dagegen geht nur für Dinge, die nicht hart und scharf sind (Zehe, Finger, Zunge, Zigarre). *Point* muß immer hart und scharf sein, wogegen *Spitze* auch für Weiches möglich ist (Finger, Zunge, engl. *tip).* Keine direkten Entsprechungen haben *top* und *bottom,* die beide allein vom Ort abhängig sind; die nächsten deutschen Wörter sind zusätzlich durch die Form (*Spitze)* oder auch durch das Material bedingt (*Gipfel, Wipfel* usw.); *Boden* ist insofern enger als *bottom,* als es nur für hohle Dinge möglich ist. Auch das Deutsche hat anderseits ein Wort, das nur ortsbedingt ist und dem kein englisches direkt entspricht, nämlich *Rand.* Die englischen Wörter dafür sind zusätzlich material- und formbedingt: *brim* (Hut, Gefäß), *rim* (Rundes, z.B. Brille), *edge* (Ufer), *verge* (Fluß, Felswand), *margin* (Buch oder Heft). *Side* ist noch etwas weiter als deutsch *Seite;* es kann bei Bergen, Hügeln gebraucht werden, wo deutsch *Abhang* stehen muß, ferner bei hohlen Dingen, Boot, Höhle, Gefäß, wo man deutsch von *Rand* oder *Wand* spricht. Ein Ortspartitiv mit relativer Formbedingung ist englisch *butt,* dickeres Ende, besonders bei Werkzeugen oder Waffen, wofür im Deutschen nur spezieller bedingte Wörter zur Verfügung stehen, z.B. *Kolben* beim Gewehr.

Eine vierte Gruppe der Partitiva umfaßt die Wörter für Teile ohne Form-, Stoff- und Ortsbedingungen, also *Teil, Hälfte, Viertel, place, Ort* (präziser fixiert als *place), Stelle* (Ort von gewisser Bedeutung, wo es schmerzt, etwas geschieht usw.). Hierher gehört auch deutsch *Stück,* das sowohl für einen mit dem Individuum zusammenhängenden wie für einen abgetrennten Teil stehen kann, wogegen *piece* nur für den abgetrennten Teil gilt; der unabgetrennte Teil darf nicht mit *piece,* sondern nur mit *part* oder *portion* übersetzt werden. Anderseits ist das deutsche *Portion* im Gegensatz zu englisch *portion* auf den abgetrennten Teil beschränkt.

Hier schließt sich dann eine fünfte Gruppe an, bei der man im Zweifel sein kann, ob ihre Wörter noch den Partitiva oder den Individuativa zuzurechnen sind. Es sind nämlich Wörter, deren Bezeichnetes im Augenblick der Benennung bereits ein Individuum sein muß, aber seiner Herkunft nach ein Teil ist. Hierzu gehört wiederum *Stück,* ferner *piece;* das letztere kann im Gegensatz zu *Stück* nicht für Abgeschnittenes stehen, wo *slice* (meist für Eßbares) an seine Stelle tritt. Englisch *fragment* ist fast so umfassend wie Stück. *Splitter* und *splinter* haben den gleichen Inhalt. *Trümmer* sind größer als *fragments,* außerdem durch große Gewalt abgetrennt. *Brocken* (vgl. S. 27) ist nur möglich von Dingen, die gebrochen werden können. Nicht direkt übersetzbar ist *Scherbe* (beschränkt auf Glas, Porzellan etc.), *potsherd* ist archaisch und auf Töpfe beschränkt, *fragment* und *piece* viel weiter. Ebenso existiert keine direkte Entsprechung für *chip:* flacher abgespaltener oder abgeschnittener Teil, zwischen *Splitter* und *Schnitte. Chunk,* dicker, abgeschnittener Teil (von Brot, Käse, Holz) könnte allenfalls mit schweizerdeutsch *Mocke* (das aber auch für selbständige Stücke geht) übersetzt werden.

5. Privativa

Unter dem Begriff Privativa fassen wir diejenigen Wörter (hier Substantiva) zusammen, welche weder ein Individuum, noch eine Gruppe, noch einen Teil bezeichnen, sondern eine Abwesenheit von Substanz, z.B. Wörter wie *Loch.* Der Terminus Privativa (privatives) stammt aus der Philosophie.[18] John Locke definiert ihn im Essay on Human Understanding, III, 1, 4, folgendermaßen: „Besides these names, which stand for ideas, there be other words which men make use of, not to signify any idea, but the want or absence of some ideas, simple or complex, or all ideas together; such as are *nihil* in Latin, and in English *ignorance* and *barrenness.* All which negative or privative words cannot be said properly to belong to, or signify no ideas: for then they would be perfectly insignificant sounds; but they relate to positive ideas, and signify their absence."

Wir beschränken uns natürlich wiederum auf Konkreta; die Abstrakta, die Locke als Beispiele angibt, berühren uns hier nicht, wohl aber die von ihm beschriebene Kategorie als Ganzes. Der Terminus „Privativa" (zu lat.: privare = berauben) scheint uns aus zwei Gründen der Sache entsprechender als „Negativa", erstens, weil bei „Negativa" eher an die bekannten Negationen wie *nein, nicht, nie* etc. gedacht wird, ferner darum, weil mit diesen Wörtern meist nicht nur die Abwesenheit einer Substanz an einem bestimmten Orte bezeichnet wird, sondern, wie sich noch zeigen wird, eine vom Normalen, Erwarteten abweichende Abwesenheit, d.h. ein Fehlen.

[18] Vgl. den Artikel *privative* im Oxford Dictionary.

Die Kategorie als solche ist (unseres Wissens) von der Sprachwissenschaft nie systematisch dargestellt worden, obwohl jedermann, der sich daraufhin befragt, zugeben muß, daß ein Loch nicht im selben Maße ein Gegenstand ist wie ein Apfel. Das erklärt sich wohl zunächst wie bei den Partitiva damit, daß diese Wörter in ihrem syntaktischen oder formalen Habitus in keiner Hinsicht vom Individuativum abweichen. Dann trug auch die lexikalische Darstellung dieser Wörter dazu bei, den Unterschied zu verschleiern: bei der Definition wird regelmäßig als Genus proximum wiederum ein Privativum gewählt (z. B. *Öse* = *Öffnung* zum Durchziehen eines Fadens), und bei den weitesten Begriffen, wie *Loch, Öffnung,* wo die spezifische Differenz dieser Wörter zum Vorschein kommen sollte, sind die Zirkeldefinitionen wohl häufiger als auf irgend einem andern Gebiet des Wortschatzes. Z.B. gibt Cassell unter *hole:* an aperture, unter *aperture:* an opening, a hole, a gap, unter *opening:* a gap, und schließlich unter *gap:* an opening! Das Concise Oxford Dictionary definiert: *hole* = hollow place in solid body, und *hollow* = having a hole.

Die Hypostasierung zum Individuum zeigt sich in mannigfacher Hinsicht. So sagen wir: *„ein Loch machen“*, *„Wie sind diese Löcher hierhergekommen?“* und wir sprechen auch von der F o r m eines Loches *(„ein Schlitz ist eine Öffnung von länglicher Form“)* und sind uns dabei nicht bewußt, daß streng genommen ein „Nichts“, eine Abwesenheit von Substanz, keine Form haben kann, sondern nur die umgebende Substanz.

Zu gruppieren wären diese Privativa etwa in folgender Weise:

1. Abwesenheit von Substanz[19] o h n e w e i t e r e B e d i n g u n g. Hierzu gehören nur: *ein Nichts, Raum* im Sinne von *space.*

2. Abwesenheit von Substanz auf b e g r e n z t e n R a u m. Umgebende Substanz auf vier oder fünf Seiten: *Loch, hole.* auf vier Seiten: *Öffnung, opening.*

3. K o n t u r d e r u m g e b e n d e n S u b s t a n z als Bedingung: *Schlitz, slit, slot* (umgebende Substanz auf vier Seiten), *Spalte* (umgebende Substanz auf vier bis fünf Seiten. Die englischen Übersetzungen enthalten als weitere Bedingung das umgebende Material, gehören mithin zur folgenden Gruppe).

4. M a t e r i a l d e r U m g e b u n g als zusätzliche Bedingung: *Tunnel, Schacht, Stollen* (Berg), *Wunde, wound, gash* (Fleisch), *Ritze* (meist Holz), *Nut, groove* (Holz oder Metall), *Sprung* (Glas, Porzellan), *crack* (dasselbe, dazu Fels), ferner die Übersetzungen von *Spalte: crevasse* (Gletschereis), *crevice* (Fels, Mauerwerk, Zahn), *split* (Holz, Stoff in der Naht), *rift, fissure* (größere geologische Erscheinungen).

5. U r s a c h e a l s B e d i n g u n g: *Riß, rent, Sprung, crack, Wunde, gash*

[19] „Abwesenheit von Substanz“ ist nicht in dem strengen Sinn zu verstehen, daß sich an der bezeichneten Stelle ein Vakuum befände. Natürlich ist jedes „Loch“ normalerweise mit Luft gefüllt.

(durch äußere Ursache), *Kerbe, notch* (durch Schneiden), *Delle* (durch Schlag), *Schlitz,* gewollte, *Spalte* ungewollte Ursache.

6. Zweck der Abwesenheit von Substanz an einer bestimmten Stelle: *Öse* (zum Hindurchziehen eines Fadens usw.), *slot* (zum Einwerfen einer Münze), *Nut, groove* (zur Verbindung von Werkstücken), *Luke* (zum Durchsehen), *Tunnel, Schacht, Stollen* (Verkehr, Gewinnung von Bodenschätzen usw.), endlich *room,* space that is or might be occupied by something.

7. Bedingung, daß die Abwesenheit von Stoff an der bezeichneten Stelle eine Abweichung vom Normalen (Erwarteten) sei. Diese Bedingung besteht mehr oder weniger bei fast allen Privativa. Der beliebte Kinderscherz: „Du hast ja sieben Löcher im Kopf!" mit anschließender Beruhigung des Erschrockenen: „Augen, Ohren, Nasenlöcher, Mund", zeigt, daß *Loch* vielfach bedeutet: „Loch, wo keines sein sollte". Bei einzelnen Privativa ist diese Bedingung der Abweichung vom Normalen besonders wichtig, so bei *Lücke, gap, Leere, hollow, void, blank.* Sie werden meist nur da verwendet, wo die Abwesenheit geradezu als unangenehm empfunden wird.

8. Bei einer letzten Gruppe von Wörtern müssen zahlreiche Bedingungen über Form und Substanz der Umgebung, Ursache usw. erfüllt sein. Hierzu sind *Kluft, Schlucht, Tobel, Tal, Graben* und sogar *Gasse, street* und *Zimmer, room* zu zählen. Diese Wörter befinden sich offenbar an der Grenze der Privativa, indem sie abwechselnd den Hohlraum und die begrenzenden Flächen bezeichnen. Besonders deutlich wird dies bei engl. *dike,* das für den Graben aber auch für den ausgehobenen Erdwall steht, und bei lat. *sinus,* das mit *Bucht* oder aber mit *Vorgebirge* übersetzt werden muß.[20] Auch die andern Wörter dieser Klasse können verschieden aufgefaßt werden. Sprechen wir von einem *weiten Tal* oder *großen Zimmer,* so meinen wir den leeren Raum; *ein waldiges Tal, ein schönes Zimmer* dagegen bezieht sich auf die Begrenzungsfläche oder den Inhalt. Je nachdem, wovon man ausgeht, kommt man auch zu verschiedenen Präpositionen, etwa zu *in the street* (Raum), *auf der Straße* (Begrenzungsfläche), *auf den Gassen, in den Gassen* (beides).

C. Das Adjektiv

Es wird gemeinhin angenommen, daß das Adjektiv, das „Eigenschaftswort" eine Eigenschaft bezeichne. Das Adjektiv hypostasiert also das Gemeinte als Eigenschaft. Es sei deshalb wieder die Frage gestellt: Sind die Bedingungen für den Gebrauch eines Adjektivs tatsächlich immer Eigenschaften; wenn nicht, was sonst?

[20] Vgl. U. Cerutti, Sinn und Gegensinn im Englischen (Diss. Zürich 1957)

1. Statische und dynamische Eigenschaften

Für gewöhnlich verstehen wir unter einer Eigenschaft eine Eigentümlichkeit in Farbe, Form oder Substanz eines Gegenstandes oder Lebewesens. Statische Bedingungen gelten offenbar als Eigenschaften im eigentlichen Sinne. Adjektiva mit statischen Bedingungen sind etwa: *weiß, braun, blond, hell, dunkel, blank, lang, breit, groß, klein, glatt, rauh, weich, hart, steif, sauer, süß, bitter, heiß, kalt* usw.

Bei den Adjektiva welche dynamisch bedingt sind, z. B. *schnell, langsam, flink, hurtig, rasch, laut, leise, schrill* besteht die Bedingung nicht mehr in der Eigenschaft eines Gegenstandes, sondern in der Eigenschaft eines Vorganges.[21] Die Adjektiva dieser Gruppe haben daher, auch wenn sie nicht adverbial gebraucht werden, eher Adverbcharakter.

2. Beziehung als Bedingung

Bei manchen Adjektiven ist weder eine statische noch eine dynamische Eigenschaft Bedingung für den Gebrauch, sondern eine Beziehung zwischen dem bezeichneten Gegenstand und etwas anderem. Durch die Darstellungsart des „Eigenschaftswortes" wird uns diese Beziehung fälschlich als Eigenschaft vorgespiegelt. Solche Adjektive sind: *nahe, fern, weit, hoch* (im Sinne von hochgelegen), *häufig, selten, allein, vorhanden.* Auch Wörter wie *nackt, leer, voll* haben genau genommen nicht Eigenschaften des Lebewesens oder Dinges selbst zur Bedingung, sondern solche der Umgebung, zu denen es in Beziehung steht. Es stellt sich übrigens heraus, daß es nicht immer genau feststellbar ist, wo ein Lebewesen, besonders ein Mensch, aufhört und seine Umgebung beginnt. So ist *kahl* zweifellos eine Eigenschaft des Menschen selbst. Wörter wie *arm* und *reich* dagegen beziehen sich auf die Präsenz oder Absenz von Eigentum: dieses gehört dem Menschen, aber nicht mehr zu ihm. Selbstverständlich wird er dadurch beeinflußt; aber so wenig man sagen kann, der Besitz eines Glashauses (das zweifellos die Lebensweise stark beeinflußt) sei eine Eigenschaft des Besitzers, so wenig kann man behaupten, daß *arm* und *reich* Eigenschaften bezeichnen. *Nackt* endlich steht in der Mitte zwischen *kahl* und *reich:* man kann sich streiten, ob die Kleider heutzutage zum Menschen gehören oder nicht.

3. Aktualität und Potentialität

Wenn der Gebrauch eines Adjektivs von bestimmten Bedingungen abhängig ist, so heißt das nicht unbedingt, daß diese Bedingungen im Augenblick der Bezeichnung aktuell erfüllt sein müssen. Ich kann von einem Alfa Romeo sagen: *Der ist schnell,* ob er sich nun in Bewegung oder in Ruhe

[21] Vgl. aber Abschnitt 3: Aktualität und Potentialität.

befinde. Im ersten Fall ist die Bedingung der Schnelligkeit aktuell erfüllt, im zweiten potentiell, d.h. es muß ein Wagen sein, der gegebenenfalls schnell fahren könnte. Diese doppelte Verwendung ist für viele Adjektiva möglich, für *flink, langsam, geschickt* usw., andere dagegen sind auf den einen oder andern Gebrauch beschränkt.[22] Diese Beschränkung wechselt oft von Sprache zu Sprache, was natürlich die Übersetzung erschwert. So gilt für das Englische und Deutsche:

Aktuell und potentiell	Nur aktuell	Nur potentiell
gesund	*well*, schweizerdt. *zweg*	*healthy*
krank	*ill*	*invalid*
freundlich, kind		*kindly* (adj.)
important	*wichtig*	*bedeutend*
able	*tauglich, fähig*	*tüchtig*
	afraid	*furchtsam, timid*
fröhlich, cheerful	*glad, froh*	
böse	*cross*	
helpful		*hilfreich*

4. Objektgebundene Adjektiva

Ich kann das Farbadjektiv *gelb* auf jeden Gegenstand anwenden, der die Bedingung dieser Farbe erfüllt, sei es nun eine Trompete, ein Stein oder ein Stück Papier. Das Objekt, d.h. die sonstige Beschaffenheit des Bezeichneten ist also offenbar freigestellt. Anders verhält es sich mit dem Adjektiv *blond*. Es ist ebenfalls durch eine bestimmte Farbnuance bedingt, aber darüberhinaus muß das, was so gefärbt ist, Haar sein. Diese Beschränkung im Objekt gilt auch für frz. *roux* (rötlich, von Haaren), lat. *canus* (grau, von Haaren), engl. *ruddy* (rot, vom Gesicht), deutsch *vergilbt* (gelblich geworden, von Papier). Man kann sagen, daß diese an bestimmte Objekte gebundenen Adjektiva noch auf einer niedrigeren Abstraktionsstufe stehen als die allgemein anwendbaren wie *weiß, rot, blau.*

Sehr verschieden und vielfältig ist die Beschränkung der Dimensionsadjektiva. Für das Englische und Deutsche gilt:

[22] Syntaktisch spiegelt sich diese Verschiedenheit insofern als die ausschließlich aktuellen Adjektiva fast nur in prädikativer Stellung erscheinen. Attributive Stellung ist bei einigen von ihnen *(afraid, zweg)* ganz ausgeschlossen, bei andern ist sie mindestens von eigenartiger Wirkung: *ein froher Mensch, the glad eye, glad rags* (Slang für: ein verliebter Blick, Sonntagskleider).

Ohne Beschränkung	Beschränkt auf			
	Dinge	Tiere und Menschen	Menschen	Frauen
dick	*thick*	*fat*	*plump* *stout* *corpulent*	*buxom* *drall*
groß *klein* *small*	*hoch, high*[23] *lang, long* *kurz, short*		*schlank* *slim* *tall*[24]	

Weiterhin sind *alt* und *old* unbeschränkt, *aged* geht nur von Tieren (Pferden) und Menschen, *bejahrt* nur von Menschen. *Weit* und *wide* unterscheiden sich insofern, als *weit* sich nur von Hohlräumen (Röhren etc.) und Flächen aussagen läßt, wogegen *wide* auch für feste Körper möglich ist. *A wide plank* muß deshalb mit *ein breites Brett* übersetzt werden. Ähnlich ist *seicht* auf Wasser beschränkt; *shallow* nicht *(a shallow box).*

Problematisch ist für den Engländer oft die Übersetzung des Wortes *bad,* vor allem die Wahl zwischen *schlecht* und *schlimm.* Dies rührt daher, daß *bad* ohne Beschränkung ist, wogegen *schlecht* nur auf Dinge angewendet werden kann, von denen es auch gute gibt. Bei Dingen, die per definitionem nicht gut sind, ist das Wort *schlecht* ausgeschlossen und muß durch das seltenere *schlimm* ersetzt werden, also bei Ungeziefer, Krankheit, Schuld, Erkältung, Verbrecher usw.[25]

Die Objektbeschränkung der hier genannten Adjektiva gilt für den normalen Sprachgebrauch, wird aber in Wirklichkeit nicht immer respektiert. Im letzteren Fall ergibt sich durch die „falsche" und doch irgendwie treffende Klassifikation des Bezeichneten eine eigenartige Wirkung, die derjenigen der indirekten Matapher (vgl. S. 72) entspricht. Der Ausdruck *lange Kerls* klassifiziert das Bezeichnete als Ding, ein *vergilbtes Gesicht* als Pergament, *erlesene Damenhände* (Mann: Königliche Hoheit) als kostbare Schmucksachen, *eine Reihe bejahrter Linden* (ebenda) als Persönlichkeiten, *the ruddy moon* (Hilda Doolittle) als Menschengesicht. Solche Ausdrücke sind unübersetzbar, es sei denn, der Grad der Objektbeschränkung sei in beiden Sprachen derselbe, wie bei *lang, long.*

Die Scheidung zwischen objektfreien und objektgebundenen Adjektiven läßt sich nur bei ganz einfachen Eigenschaften (Farben, Dimensionen) klar

23 *high,* zusammen mit Maßangabe ist auch für Personen möglich, z.B. *he stands 6 feet high.*

24 *tall* ist auch auf hohe Dinge anwendbar: Türme, Bäume, Masten.

25 Wo dennoch *schlecht* gesetzt wird, da wird die Möglichkeit eines entsprechenden guten postuliert: „Ein schlechter Dieb" ist einer, der sein Handwerk nicht versteht, im Gegensatz zu einem „guten" oder geschickten Dieb.

durchführen. Sobald die Eigenschaft komplex wird, wie etwa im Falle von *schwanger* (nur von Menschen), *trächtig* (nur vom Tier), läßt sich nicht mehr entscheiden, ob es sich um die gleiche Eigenschaft handelt, die je nach der Art des Lebewesens mit dem einen oder andern Adjektiv bezeichnet werden muß; oder ob Schwangersein und Trächtigsein „verschiedene" Eigenschaften sind.

5. *Privative Adjektiva*

Auf den ersten Blick scheint diese Kategorie etwas fragwürdig. Denn fast zu jeder Eigenschaft läßt sich ein Gegenteil finden. *Dunkel* könnte so als Privativ zu *hell* gelten, *leise* als Privativ zu *laut*, *klein* als Privativ zu *groß* usw. Schließlich kann *eckig* als *nicht abgerundet* und *rund* als *ohne Ecken* definiert werden. Auf diese Weise kann beinahe jedes Adjektiv als Privativ dargestellt werden.

Wir wollen deshalb nur diejenigen Adjektiva als Privativa betrachten, deren Bedingung Abwesenheit von Dingen oder Eigenschaften im Gegensatz zum Normalen ist. Wie das zu verstehen ist, sei am Beispiel des Wortes *nackt* ausgeführt. *Nackt* wird manchmal definiert als *„unbekleidet"*, *„unbedeckt"*; daß diese Definition ungenügend ist, wird klar, wenn wir uns überlegen, daß wir nicht *„mit nackten Händen und nacktem Gesicht"* in der Welt herumlaufen, obwohl Gesicht und Hände zweifellos nicht bekleidet sind. *„Nackt"* ist nur anwendbar auf Körperteile, die normalerweise bekleidet sind, oder natürlich auf den ganzen Menschen, der ja üblicherweise ebenfalls bekleidet zu sein pflegt. *„Nackt"* ist also zu definieren als „im Gegensatz zum Üblichen unbekleidet". Der Gegensatz zum Normalen, der dem Wort das leicht Anstößige verleiht, ist als Bedeutungselement mindestens ebenso wichtig wie die Abwesenheit von Kleidung. Das zeigt der erweiterte Gebrauch: *nackte Wände, nackter Fels, Boden,* alemannisch *blutt* (= nackt) im Sinne von „ohne Geld", *Nacktschnecke:* in allen diesen Fällen bedeutet *nackt* in erster Linie: ohne das Übliche. Damit ist *nackt* zweifellos ein echtes Privativ und als solches vollkommen verschieden von Adjektiven wie *weiß* oder *rund,* bei denen es nicht die geringste Rolle spielt, ob der fragliche Gegenstand normalerweise weiß oder schwarz, rund oder eckig ist, bei denen es vielmehr nur auf seine tatsächliche Eigenschaft ankommt.

Solche echten Privative sind: *kahl* (ein unbehaartes Knie ist nicht kahl), engl. *bald, leer* (eine Straße ohne Menschen ist leer, eine Wiese nicht), engl. *empty,* noch stärker: *void; roh* (rohe Kartoffeln, aber nicht: rohe Pflaumen); engl. *raw,* ferner *lahm, blind, taub, stumm, tot* und ihre englischen Entsprechungen.

Dadurch, daß die privativen Adjektiva auf Lebewesen und Gegenstände beschränkt sind, die normalerweise andere Eigenschaften haben, gehören sie in den weiteren Zusammenhang des vorhergehenden Abschnitts (Objektgebundene Adjektiva) hinein. Anderseits können sie, da sie von einer Norm ausgehen, auch zur Kategorie der genormten Wörter (vgl. unten S. 105ff.) gezählt werden.

D. Das Verb

Veränderung und Gleichbleiben als Bedingung

Ohne Zweifel neigen wir dazu, das mit dem Verb Gemeinte als Vorgang anzusehen. Im Deutschen bezeugt dies der Ausdruck „Tätigkeitswort", aber auch im Englischen gilt dasselbe.[26] Das, was wir (S. 25) Hypostasierung genannt haben, tritt hier wie beim Substantiv ein, aber in anderer Form: an Stelle der Hypostasierung als Individuum tritt hier die Hypostasierung als Akt. Wiederum ist die Frage aufzuwerfen, in welchem Maße die Hypostasierung der objektiven Wirklichkeit gemäß sei, in andern Worten, die Frage, ob die Bedingung des Verbs ein Akt oder etwas anderes sei. Ein Akt – ohne daß wir auf dessen Definition näher eingehen – kommt wohl nur lebenden Wesen zu, und auf diese sind ja die Verben offenbar nicht beschränkt. Weiter ist der Begriff des Vorgangs, wobei wir denselben definieren als: wahrnehmbare Veränderung eines Gegenstandes oder Lebewesens.

1. Vorgänge als Bedingungen

Bei einer großen Zahl, wohl bei der Hauptmasse der Verben, gehört es tatsächlich zu den Bedingungen, daß sich das Bezeichnete verändert. Und hier wiederum ist die häufigste Bedingung die Bewegung; sie regelt den Gebrauch der „Tätigkeitswörter" im engern Sinne: *fallen, rinnen, gehen, laufen, schwimmen, essen, schneiden, spielen, bringen, rollen.* Hierbei lassen sich verhältnismäßig leicht scheiden: 1. Verben, bei denen sich das ganze Bezeichnete relativ zur Umgebung bewegen muß: *fallen, rollen, bewegen, steigen, sinken, kommen* usw. 2. Verben, bei denen sich Teile des Individuums in bezug auf die andern Teile bewegen müssen: *Winken, zwinkern, essen, kratzen, nicken, gähnen, greifen, to kick* (Fuß), *nod* (Kopf), *nudge* (Ellbogen), *wag* (Schwanz, Zunge, auch Bart, Kinn, Finger), *shrug* (Schultern) usw.[27]. 3. Verben, bei denen sowohl das Ganze in bezug auf die Umgebung wie auch einzelne Teile in bezug auf das Ganze

[26] What of the verbs? They too can be taken as names: as names of acts (Richards, Interpretation in Teaching, S. 199).

[27] Vgl. den Abschnitt über die Körperteile unter „Aktivität und Passivität des Bezeichneten", S. 53f.

in Bewegung sein müssen: *gehen, springen, laufen, schwimmen = to swim, bringen, holen, kämpfen* usw. 4. Verben, deren Bedingung ein Prozeß ist, sind seltener; es gehören dazu: *brennen, wachsen*, ferner Ableitungen wie: *faulen, oxydieren, erwärmen, erkalten, blauen, grauen, gefrieren.*

Nicht immer läßt sich der Prozeß von der Bewegung scharf abgrenzen: *wachsen* z. B. kann ebensogut zu den Bewegungsverben gerechnet werden, nur pflegt eben hier die Bewegung so langsam zu sein, daß sie in der einmaligen Beobachtung unbemerkt bleibt. Ebenso ist *brennen* ein Prozeß, der kaum je ganz ohne Bewegung abgeht.

Diese Gruppe von Verben entspricht der Forderung, daß die Hypostasierung als Vorgang der Wirklichkeit entspreche. Sie sind deshalb als der objektivste Darstellungstypus und gleichzeitig infolge ihrer großen Zahl als der Normaltypus des Verbs zu bezeichnen.

2. Zustände als Bedingungen

Für zahlreiche Verben ist im Gegensatz zu den eben angeführten nicht eine Veränderung des Bezeichneten die Bedingung für den Gebrauch des Verbs, sondern ein Zustand. Das gilt erstens für die Verben, welche für Positionen im Raum stehen: *sitzen, stehen, liegen, kauern, hocken, lehnen, knien, recline, crouch, squat, cower, hangen, ragen* (engl. nach der Richtung verschieden: emporragen: *to tower*, hervorragen: *to project)* usw.; wobei bei den meisten dieser Verben (außer *hangen)* auch die Form des Bezeichneten relevant ist: die Bedingungen für die Aussage: *„er sitzt“, „er kauert“* bestehen ja nicht nur in der Beziehung des Bezeichneten zu seiner Umgebung, sondern auch in der Lage der Gliedmaßen des Bezeichneten zueinander.

Neben diesen Verben der räumlichen Relation gibt es solche, deren Bedingung nicht eine bestimmte Position, wohl aber eine bestimmte Form des Bezeichneten ist. Hierher gehören: *sich wölben, to vault, to arch; sich türmen, to taper* (deutsch: *sich verjüngen).* Zur Gestalt des Bezeichneten gehört auch die Oberflächenbeschaffenheit. Farbeindrücke werden heute meist durch Adjektive, Licht- und Glanzerscheinungen aber (mit Ausnahme von *licht, hell, blank, light, bright*[28] durch Verben bezeichnet. Solche Verben sind: *glänzen, scheinen*, das erste für Dinge, deren Glanz offensichtlich nicht durch Selbstleuchten, sondern durch Reflexion entsteht, das zweite für Selbstleuchtendes, besonders Sonne und Mond, allgemeiner ist: *leuchten.* Das Englische kann für alle drei *to shine* verwenden, hat aber daneben noch *gleam* (schwach) und *glare* (blendend scheinen). Einige Verben, wie *glitzern, funkeln, glitter, schimmern, shimmer, glimmer* sind

[28] Im Mittelhochdeutschen und Altenglischen ist der adjektivische Ausdruck für Glanzerscheinungen ungleich häufiger; für das erste vgl. L. Weisgerber: Muttersprache und Geistesbildung.

durch ihre Suffixe als eine Art Iterative gekennzeichnet. *Glühen, glimmen, glow* können ebenfalls hieher gerechnet werden, da sie makroskopisch durchaus für Zustände stehen – daß Wärme genau genommen Molekularbewegung ist, berührt uns nicht, da wir Sprachliches nur mit sinnlich Wahrnehmbarem vergleichen. Dagegen ist beizufügen, daß bei *glühen* die Lichterscheinung nicht die einzige Bedingung ist, sondern nur zusammen mit der Temperaturbedingung den Gebrauch des Wortes erlaubt.[29]

Es wäre entgegenzuhalten, daß sowohl bei Formangaben wie *to taper* und *sich wölben* als auch bei einem Verb wie *glänzen* die Bedingung doch eine Bewegung sei, da der Blick der Wölbung[30] oder dem sich verjüngenden Gegenstand entlanggeht und dabei eine Veränderung in der Zeit bemerkt, d.h. den Gegenstand zunächst breiter, später schmäler sieht usf. Ebenso, daß der *glänzende* Gegenstand je nach der Bewegung des Blickpunktes an verschiedenen Stellen aufleuchte. Damit „rechtfertigt" sich der Gebrauch eines Verbs, wenn eine solche Rechtfertigung überhaupt notwendig ist, d.h. das Verb „meint" wirklich einen Vorgang. Doch ist durchaus festzuhalten, daß dieser Vorgang nur subjektiv, nicht aber objektiv ist, daß deshalb Verben wie *to taper, sich wölben, glänzen,* unmöglich in dieselbe Kategorie wie *gehen, singen* usw. einzureihen sind.[31]

Zustandsverben sind außer den Form- und Farbwörtern auch die Verben der Geruchs- und Geschmackssphäre: *es riecht, duftet, stinkt, schmeckt;* ferner Verba für äußere (*blühen, blossom*) und kompliziertere „innere" Zustände: *to thrive, darben, lieben, hassen* usw.

Es ist hier beizufügen, daß zahlreiche Verben sowohl für den Zustand als für den ihn herbeiführenden (inchoativen) Vorgang gebraucht werden können, so: *grünen* (grün werden oder sein), *schweigen* (stillwerden oder sein), *stehen, to stand* (auch = zum Stehen kommen), *gedeihen, to thrive* (in gutem Zustande sein oder Fortschritte machen), *sitzen* (schweizerdeutsch), *schweben.*

Ein Unterschied zwischen dem Deutschen und dem Englischen findet sich beim Verbum *haben,* wenn es als Vollverb gebraucht wird. Die Bedingung für deutsch *haben* ist nur ein Zustand (der Zustand des Besitzes), die Bedingung für *to have* kann ebenfalls ein Zustand sein, daneben aber auch ein Vorgang, z.B. *to have tea, to have rain, to have a baby, to have young ones.* Hier ist *to have* nicht mit *haben,* sondern mit *bekommen, trinken* etc.

[29] *Alpenglühen* ist doch wohl deutlich metaphorisch.

[30] Gerade das Verb *sich wölben* ist nur bei großen Gegenständen möglich, wo der Blick tatsächlich wandern muß. Ein Fingerhut, eine Aschenschale „*wölben*" sich nicht.

[31] Allerdings gibt es Verben, deren Anwendungsbereich sowohl der subjektive wie der objektive Vorgang ist, z.B. *glitzern.* Wenn das Meer *glitzert,* so ist die wechselnde Lichterscheinung objektiv durch die Bewegung der Wellen bedingt; sprechen wir dagegen von einem *glitzernden* Diamantschmuck, so kann die Veränderung subjektiv sein: ihre Ursache liegt nicht unbedingt in der Bewegung des Schmuckes, sondern eventuell auch in der Bewegung der Lichtquelle oder des Blickpunktes. Dasselbe gilt für *to glitter* und *funkeln.*

zu übersetzen; in *to have a bath,* wo wir mit *nehmen* übersetzen, handelt es sich wohl ebenfalls eher um einen Vorgang als um einen Zustand. Da *to have* dynamisch bedingt sein kann, steht es auch häufig im Imperativ, der bei *haben* sehr selten ist.

Ähnliches gilt im abstrakten Bereich von *know* im Vergleich mit deutsch *wissen,* welches nur für einen Zustand stehen darf. *Know* darf im Gegensatz dazu auch für den Vorgang stehen (der im Deutschen durch *merken* bezeichnet wird), z.B. „*We heard a noise and knew it came from an aeroplane*". Übersetzt man in einem solchen Fall mit *wissen,* so überspringt man die Stufe der Apperzeption und nimmt direkt den Zustand an. Dies ist in der modernen Literatur ein beliebtes Mittel geworden, um intuitive Erkenntnisse anzudeuten. Man vergleiche:

Es klopfte. Er merkte, daß es Luise war. (Vorgang)
Es klopfte. Er wußte: es war Luise. (schon Zustand).

3. Privative Verben

Das Wesen der privativen Substantiva bestand für uns darin, daß das Bezeichnete ein „Nichts" war, d.h. jene Substantiva konnten nur unter der Bedingung gebraucht werden, daß sich in der Zeigrichtung nichts fand. Privative Verben wären nun analog solche, deren Bedingung es ist, daß sich am Bezeichneten kein Vorgang zeigt. Fassen wir den Begriff der verbalen Privativa so weit, dann haben wir dazu auch die eben genannten Zustandsverben mitzuzählen, also *sitzen, liegen, stehen* usw.

Die Betrachtung der Substantiva und Adjektiva hat aber gezeigt, daß sich die Klasse der Privativa auch enger fassen läßt (S. 41, 45), nämlich als Wörter mit der Bedingung, daß etwas im Gegensatz zum Normalen oder Erwarteten fehlt. Behalten wir diesen engeren Begriff auch für das Verb, so erhalten wir zwei Kategorien verbaler Privativa: die zur ersten gehörigen haben zur Bedingung, daß das bezeichnete Lebewesen oder Ding im Gegensatz zum Normalen oder Erwünschten nicht anwesend ist. Hierzu gehören: *fehlen, mangeln, ausbleiben,*[32] engl. *to want, lack.*[33]

Die zweite Klasse der verbalen Privativa hat zur Bedingung, daß das Bezeichnete einen Akt, zu dem es imstande ist, im Augenblick der Bezeichnung nicht ausführt. Der Gegensatz zwischen diesen Privativa und den gewöhnlichen Zustandsverben wird deutlich, wenn wir Beispiele von Privativa: *ruhen, schweigen, warten, bleiben, streiken* mit den unter 2) genannten Form- oder Positionsverben vergleichen. Zwar ist es nicht so,

[32] Für diese Verben versagt unsere Definition der Wortbedingung: wir können nicht auf etwas zeigen und sagen: *Es fehlt*". Der Gebrauch dieser Verben ist nur möglich entweder mit einem Substantiv an Stelle des Pronomens *(Karl fehlt)* oder aber mit dem Präteritum des Verbs *(Er fehlte).*

[33] Vgl. M. Bertschinger, To Want. An Essay in Semantics. (Diss. Zürich 1941).

daß *ruhen, schweigen* usw. eine abnormale Inaktivität zur Bedingung haben, wohl aber muß in allen diesen Fällen das Bezeichnete normalerweise in der Lage sein, die Aktivität, deren Abwesenheit mit dem betreffenden Privativ ausgesagt wird, wiederaufzunehmen, oder es muß sie vorher schon ausgeübt haben: Steine können nicht *schweigen,* auch *ruhen* wird von Unbelebtem mehr nur metaphorisch gebraucht. Das zweite Kennzeichen dieser eigentlichen Privativa ist ihr ausgesprochen negativer Mitteilungsgehalt. Gebrauche ich ein gewöhnliches Form- oder Positionsverb: *it tapers, er liegt,* so erfährt mein Hörer etwas über die Form oder Lage des Bezeichneten, d.h. die Auskunft ist, wenn man so will, positiv. Die Aussagen: *er ruht, er schweigt,* dagegen besagen uns (außer natürlich in ganz konkreten Situationszusammenhängen) nichts weiter als eben die Inaktivität des Bezeichneten. Dasselbe, in unserer Terminologie formuliert: Die Bedingungen für: *er ruht, er schweigt, er bleibt,* sind rein negativ: Ausbleiben einer Aktivität; diejenigen für: *er sitzt, es wölbt sich,* positiv: bestimmte Form, bestimmte Lage im Raum.

Andere privative Verben sind noch von besonderen Bedingungen abhängig, z.B. ist *bleiben, remain,* eine Art Kontinuativ (Fortdauer einer Aktivität oder Inaktivität, die schon vor der Bezeichnung begonnen hat), ähnlich *warten* (Inaktivität bis zu einem späteren Zeitpunkt), *harren, säumen. Pausieren* und *to pause* haben neben der Inaktivität des Bezeichneten die Bedingung, daß das Bezeichnete vorher aktiv war und die Aktivität voraussichtlich nach einer gewissen Zeit wieder aufnehmen wird. Es müssen also gewisse Bedingungen nicht nur im Augenblicke der Bezeichnung, sondern auch vor und nach ihm erfüllt sein. Von Bedingungen, die außerhalb des Bezeichnungsmomentes liegen, hängen auch *bleiben, warten* u.a. ab. Vgl. unten S. 90f.

4. Aktivität und Passivität des Bezeichneten

Auch bei den Verben, die für Vorgänge gebraucht werden, gibt es Abweichungen der Darstellung vom Dargestellten. Wenn wir eine Bezeichnung vornehmen, d.h. auf jemanden zeigen und z.B. sagen: „*Er läuft*“, so suggeriert uns der Satz, daß das Bezeichnete (das grammatische Subjekt, der „*er*“) der Träger oder, genauer formuliert, die Ursache des Vorganges (das reale Subjekt, das Agens) sei, der sich an ihm zeigt. Bei *gehen, laufen, springen, holen, bringen, singen* und einer sehr großen Zahl anderer Verben ist es tatsächlich so, daß die physische Ursache der Bewegung in der Muskelaktivität des Bezeichneten, also im Bezeichneten liegt.

Es gibt aber auf der andern Seite eine Anzahl Verben, bei denen das grammatische und das reale Subjekt nicht identisch sind. Sie haben zwar zur Bedingung, daß sich eine Veränderung am Bezeichneten zeigt, aber nicht, daß das Bezeichnete selbst die Ursache dieser Veränderung ist. Die Ursache muß geradezu in fremder Aktivität, d.h. außerhalb des Bezeichneten liegen. Das ist genau die Umkehrung dessen, was beim lateinischen Deponens geschieht. Dort geht Passivkonstruktion mit Aktivität des Realsubjekts zusammen *(progredior)*, hier aktive Form des Verbs mit Passivität des Realsubjekts. Man könnte deshalb unsere Gruppe auch „umgekehrte Deponentia" nennen.

Hierher gehört das Verb *fahren* (in seinem modernen Gebrauch; nicht jedoch, wenn wir von fahrenden Schülern sprechen), das im Englischen keine genaue Entsprechung hat *(to drive* = to travel in a carriage, esp. under one's own direction or control; *to ride* auch = reiten). *Fahren* steht, wenn auf den Menschen und nicht auf das Fahrzeug bezogen, für einen Vorgang, dem gegenüber das Bezeichnete sich passiv verhält; der Lenker eines Wagens ist zwar in gewissem Maße aktiv, aber diese Aktivität kann (z.B. wenn der Benzintank leer ist) an sich nicht *fahren* genannt werden, andererseits kann er ganz bewegungslos sitzen und dabei *fahren.* Alle andern Insassen eines Autos, Zuges usw., welche ebenfalls *fahren*, haben ohnehin keinen kausalen Anteil an der Bewegung, die sie mitmachen. Auch der Gebrauch der Verba *to ride* und *reiten* ist nicht in erster Linie bedingt durch Aktivität des Bezeichneten, wiewohl diese für den Reiter meist notwendig ist, sondern durch die Fortbewegung, deren Ursache in fremder Kraft liegt.[34]

Wie wenig man sich darüber Rechenschaft gibt, daß bei *fahren* usw. die Ursache der Aktivität außerhalb des grammatischen Subjekts liegt, wie sehr man also der Suggestion der Muttersprache unterliegt, zeigt die Tatsache, daß in manchen Schulgrammatiken das Passiv zu lateinisch *veho; vehor, vectus sum, vehi*, als Deponens (Passivform mit Aktiv!-Bedeutung) klassiert wird. Dasselbe geschieht regelmäßig mit: *patior, passus sum, pati.* Tatsache ist, daß das Lateinische in diesen beiden Fällen der Wirklichkeit gerechter wird als unsere Sprachen (mit *fahren, ride, leiden, suffer)*, indem *fahren* und *leiden* nicht mit dem Aktivum, sondern mit dem Passivum gewöhnlicher Verben auf dieselbe Ebene gehören.

Auch bei den Verben der Sinneswahrnehmung: *sehen (= to see*, aber nicht *to look), hören, riechen, schmecken, fühlen* ist das grammatische Subjekt passiv. Wenn ich etwas sehe, so ist das nicht so sehr meine eigene Aktivität, sondern ein „Ein-druck". Natürlich gehört hierzu das Funktionieren der Aufnahmeorgane, aber damit ich etwas sehe, muß es hell sein, ein Objekt muß in meinem Gesichtsfeld liegen, d.h. äußere Bedingungen müssen erfüllt sein. Zu diesen Verba bemerkt F. N. Finck (Die Haupttypen des Sprachbaus, S. 13 und 14): „Der Verschiedenheit der nervösen Leitungs-

34 Verben, deren Subjekt passiv durch eine Naturkraft bewegt wird, wie *brennen, schweben, fallen, rinnen*, wären streng genommen ebenfalls hieher zu zählen. Doch kann man davon absehen, weil das wirkliche Subjekt unsichtbar bleibt.

bahnen entsprechend, die zum Teil zentrifugal oder motorisch, zum Teil zentripetal oder sensorisch sind, lassen sich die in der Wirklichkeit verlaufenden Vorgänge zu zwei Gruppen vereinigen: es findet entweder eine Bewegung statt, die sich meist als eine von uns ausgehende Handlung oder Tat darstellt, oder eine von außen an uns herantretende, aus Empfindungen bestehende Wahrnehmung. Eine Tat liegt also offenbar vor, wenn einer einen andern schlägt oder stößt, eine Empfindung dagegen beziehungsweise ein Komplex von Empfindungen, wenn dem Auge eines am Meeresufer Stehenden mit einem Male in der Ferne ein Schiff erscheint. Es entspricht also auch durchaus dem wahren Sachverhalt, wenn man sagt: ‚*ich schlage*', ‚*ich stoße*', aber: ‚*mir erscheint, mir erklingt*'. Bekanntlich wird diese Scheidung aber wenigstens im Deutschen keineswegs streng durchgeführt. Der Typus der Empfindungsverben ‚*mir erscheint*' und dergleichen bildet die Ausnahme. In der Regel wird so geredet, als wenn alles, was geschieht, aus Taten bestünde. Man sagt nicht nur ‚*ich schlage*', sondern auch ‚*ich sterbe*', obwohl das selten eine vom Menschen selbst ausgehende Handlung ist, man sagt auch ‚*ich sehe*' statt des allein angemessenen ‚*mir erscheint*'; kurz, man hat den Typus der Tatverben im Deutschen fast zur Alleinherrschaft gebracht."[35]

Finck weist dann nach (S. 14 u. 133ff.), daß das Überwiegen der aktiven Auffassung für passive Empfindungen nicht für alle Sprachen, wohl aber u. a. für das Indogermanische und das Chinesische charakteristisch ist, wogegen im Georgischen (wie in den meisten kaukasischen Sprachen überhaupt) aktive und passive Auffassung sich ungefähr das Gleichgewicht halten, ohne daß jedoch die Anpassung an die Realität konsequent durchgeführt ist.

Innerhalb unserer Schulsprachen hat das Deutsche mit „*heißen*" (= genannt werden) ein „umgekehrtes Deponens", das in den romanischen Sprachen nie existiert, im Englischen im Laufe der Zeit der passiven Ausdrucksweise Platz gemacht hat. Man ist wohl im Deutschen mehr als in andern Sprachen geneigt, zu glauben, daß „*heißen*", wenn nicht gerade eine Tätigkeit, so doch mehr oder weniger eine dem Bezeichneten objektiv innewohnende Qualität sei. Gewiß bedürfen wir wiederum der kritischen Stimme Morgensterns: „*Es waren einmal acht lustige Könige; die lebten. Sie hießen aber so und so. Wer heißt überhaupt? Man nennt ihn*".

Passivität des Bezeichneten liegt auch vor bei der Gruppe *bekommen, erhalten, empfangen*. Das Englische gebraucht hier ebenfalls *to get, receive, obtain*, daneben aber sehr häufig die „richtigere" Passivkonstruktion *to be given, to be presented*. Ein wichtiger Unterschied besteht zwischen *erhalten* und *bekommen*. *Erhalten* kann nur verwendet werden, wenn ein bestimmtes meist menschliches Agens da ist, das die Sache sendet oder übergibt.

[35] Vgl. auch Jespersen, Philosophy of Grammar, S. 157ff.

Man *erhält* einen Brief, ein Paket; einen Schnupfen, ein Kind kann man nur *bekommen,* nicht *erhalten.*[36]

Es sei noch erwähnt, daß auch die große Crux des Semantikers, das Verb „*bedeuten*" (engl. „*to mean, to signify*") zu dieser Gattung gehört und gerade darum viel Mißverständnisse gestiftet hat, so z.B. die Frage, wie denn ein Wort bedeute, d.h. was es dabei t u e ! So daß man immer wieder warnen mußte, Wörter als solche seien tot und könnten nicht eigentlich „bedeuten". Man hat für die semantische Terminologie viel gewonnen, wenn man sich über den passiven Charakter des Verbs „*bedeuten*" klar wird, und, was praktisch wichtiger ist, es nicht einfach durch ein anderes umgekehrtes Deponens, sondern durch das Passivum eines gewöhnlichen Verbs, z.B. als: *interpretiert werden (können)* definiert.

Eine große Anzahl von Verben – viel größer als die der eben genannten – kann sowohl bei aktivem als auch bei passivem Realsubjekt (in der aktiven Form) gebraucht werden. Beispiele sind: *brechen: Der Mann bricht die Stange* (aktiv) und *sie bricht* (passiv)[37], *rollen: Er rollt das Faß* (aktiv); *das Faß rollt* (passiv); *kochen: Sie kocht* (aktiv), *sie (die Milch) kocht* (passiv). Hierherzuzählen ist auch deutsch: *stechen,* aktiv von Tieren, passiv von Pflanzen, die sich nicht selbst bewegen, sondern nur „stechen", indem wir uns ihnen zu sehr nähern; das Englische hat bei Tieren und Nesseln *sting,* sonst *prick.*[38]

Eine Gruppe von Verben, bei denen eine gewisse U n s i c h e r h e i t über die Lage von Subjekt und Objekt herrscht, sind diejenigen für Bewegungen von Körperteilen, z.B. *winken, nicken, to kick, to nod, to shrug.* Obwohl in diesen Fällen nur ein ganz bestimmter K ö r p e r t e i l bestimmte Bewegungen vollführt, gilt grammatikalisch meist der g a n z e M e n s c h als Subjekt der Bewegung. Wir sind an diese Art der Darstellung so gewöhnt, daß uns die korrekte Ausdrucksweise (K ö r p e r t e i l als grammatisches Subjekt) als merkwürdig frappiert, ohne daß wir uns genau Rechenschaft geben, warum. Wendungen wie: „*Seine Hand ergriff ...*", „*Ihre Lippen küßten ...*", „*Sein Finger zeigte ...*", die heute schon zum Klischee geworden sind, waren ursprünglich eine der Sprachgewohnheit abgetrotzte präzisere Wirklichkeitserfassung und als solche von starker dichterischer Wirkung.

36 Vgl. die Glosse zum Telegramm: „Erhielt Knaben" bei O.v. Greyerz, Sprachpillen, S. 12/13.

37 Die aktiv-passiven Verben sind nicht mit den transitiv-intransitiven identisch. Es gibt auch transitiv-intransitive, die n u r aktiv sein können: *Er ißt Äpfel* (aktiv), *er ißt* (gleichfalls aktiv).

38 Es gibt Fälle, wo sich die Ursache der Aktivität nicht lokalisieren läßt: Mutter zum Jungen: „*Hör auf, die Katze am Schwanz zu ziehen*". Junge: „*Ich ziehe nicht, sie zieht*". Junge und Mutter haben beide recht; denn bei Gleichgewichtszuständen halten sich Aktion und Reaktion die Waage. – Noch in vielen Fällen ist das Subjekt des Vorgangs nicht fixiert, sondern „verschiebbar": *der Wein rinnt, das Faß rinnt; die Menschen wimmeln, die Straße wimmelt (von Menschen)* usw. Vgl. auch B. Carlberg, Subjektsvertauschung im Deutschen (Diss. Stockholm 1948).

Wird, wie das häufiger geschieht, der ganze Mensch als Subjekt aufgefaßt, so kann entweder der Körperteil überhaupt nicht erwähnt werden; dies ist nur möglich, wenn er im Verb bereits enthalten ist: *he kicked* (Fuß), *er nickt, er winkt, er zeigt, küßt, he nudged* (Ellbogen), *he frowned* (Stirn). In der Annahme, daß der Körperteil noch nicht eigentlich Objekt ist, kann man ihn auch als Medium (eingeführt durch: *mit, with)* auffassen: *er stieß mit dem Fuß, he holds him with his skinny hand* usw. Schließlich kann der Teil als Objekt aufgefaßt werden (Voraussetzung dazu ist, daß kein weiteres Objekt da ist, d.h. daß die Bewegung des betreffenden Teils keine weitere Wirkung hat): *he shook his head, er schüttelte den Kopf.*

Ein Unterschied besteht zwischen dem Englischen und Deutschen bei den Verben, die bereits an und für sich an einen bestimmten Körperteil gebunden sind: *nicken, shrug* usw. Wenn hier der Körperteil (pleonastisch) noch ausdrücklich genannt wird, so neigt das Deutsche zur Darstellung als Medium: *mit dem Kopf nicken, mit der Hand winken, mit dem Finger auf etwas zeigen;* das Englische zur Auffassung als Objekt: *to nod one's head, to wave one's hand, to point one's finger, to shrug one's shoulders.* Sogar wenn der Körperteil unstreitig Objekt eines durch einen andern Teil oder ein fremdes Subjekt vollzogenen Aktes ist, bezieht sich das Deutsche auf den ganzen Menschen: *er schneuzte sich (die Nase), stach sich (in den Finger), kratzte sich (am Kopf), brach sich das Bein, rieb sich die Stirn.* Das Englische dagegen läßt den ganzen Menschen als Objekt aus dem Spiel und nennt allein den betreffenden Teil: *he blew his nose, broke his leg, cut his finger* usw.

Allgemein läßt sich sagen, daß das Englische die Tendenz hat, Körperteile als Objekte zu behandeln, wogegen das Deutsche die Teile eher als Medien ansieht.[39]

5. *Vorgangskollektiva und -partitiva (Die Aktionsarten)*

Wie wir gesehen haben, ist die Bedingung für ein Verb normalerweise eine Veränderung eines Dinges oder Lebewesens. Betrachten wir als einfachste Form der Veränderung die Bewegung, so darf offenbar als eine einzige Bewegung nur gelten, was vorher und nachher durch einen Ruhezustand begrenzt ist. Z.B. ist ein Pendelschlag von links nach rechts eine Bewegung, d.h. ein Vorgang; zwölf Pendelschläge sind zwölf Vorgänge, getrennt durch elf, wenn auch minimale Pausen, also eine Vorgangsserie. Die Hälfte eines Pendelschlages oder irgend ein Stück davon, das nicht von Ruhepause bis zu Ruhepause reicht, ist ein Vorgangsteil. Besonders haben wir uns dabei zu merken, daß ein Wechsel der Bewegungsrichtung

[39] Über die semantisch-syntaktische Auffassung der Körperteile im Englischen vgl. die demnächst erscheinende Zürcher Dissertation von M. Leschhorn-Rüegg.

zur genau entgegengesetzten nicht möglich ist, ohne daß die Geschwindigkeit der Bewegung einen Moment auf Null zurückgegangen ist, also die Bewegung aufgehört hat.

Nachdem der Begriff des einmaligen Vorgangs solchermaßen festgelegt ist, können wir die Verben daraufhin betrachten, ob sie einen Vorgang, eine Vorgangsserie (Vorgangskollektiva) oder einen Vorgangsteil (Vorgangspartitiva) zur Bedingung haben.

Wir treten damit in das Gebiet der Aktionsarten, worin sich Formenlehre, Syntax und Semantik zu durchdringen scheinen. Wenn die Grundfrage der synchronischen Semantik lautet: welche Bedingungen erlauben den Gebrauch eines Wortes, im Fall des Verbs die dritte Person Einzahl des Präsens, so können wir zweifellos auch innerhalb der synchronischen Semantik die Frage stellen, bei welchen Verben ein teilweiser, bei welchen ein ganzer Vorgang und bei welchen eine Vorgangsserie den Gebrauch des betreffenden Verbaktes erlaubt. Wir rechnen also die Aktionsarten zu den Kategorien der Semantik, insofern als sie nicht durch bestimmte formale Elemente: flexivische (Durativ im Englischen) oder Wortbildungselemente (deutsche Verba auf *-ern, -eln,* englische auf *-er, -le*[40] *(zittern, schütteln, shiver, babble)* vertreten sind und mithin der funktionsbetrachtenden Flexions- oder Wortbildungslehre zugewiesen werden müssen.[41]

Vorgangskollektiva

Hierzu gehören Verben, die durch eine Folge von Vorgängen bedingt sind. Es sei gleich gesagt, daß ein Vorgangskollektiv nicht unbedingt ein Iterativ zu sein braucht, da die Bedingung des Iterativs im allgemeinen die mehrfache Wiederkehr desselben Vorgangs, diejenige des Vorgangskollektivs lediglich eine (auch aus ungleichen Vorgängen zusammengesetzte) Serie von Vorgängen ist. Das Iterativ ist also ein Spezialfall des Vorgangskollektivs.

Iterativa, die nicht formal gekennzeichnet sind, sind sehr selten. *atmen, to breathe* gehört hieher, ferner *schreiten, to walk, laufen.* Gewiß zählen diese Verben nicht zu den Iterativa im üblichen Sinne; denn normalerweise rechnet man zu den Iterativa nur Verben für eine Vorgangsserie, wenn die Vorgänge sich schnell folgen.

Die übrigen Vorgangskollektiva sind, wenn wir unsere Definition

[40] Vgl. Jespersen, Mod. Engl. Gramm. II, 6. 92f.

[41] Neuere Arbeiten über Aktionsarten: M. Deutschbein, Aspekte und Aktionsarten im Neuenglischen, in: Neuphilolog. Monatsschrift, Jahrg. 10, 4 u. 5, und als Sonderdruck, Leipzig 1939. – Else Hollmann, Aspekt und Aktionsart (Diss. Jena 1937). E. Seidel, Zu den Funktionen des Verbalaspekts, in: Travaux du Cercle linguist. de Prague 6, 1936, S. 111. Josef Raith, Untersuchungen zum englischen Aspekt 1. Teil: Grundsätzliches, Altenglisch, München 1951. H. Renicke: Die Theorie der Aspekte und Aktionsarten. P.B.B. 72, 1950.

des Einzelvorgangs beibehalten, außerordentlich zahlreich. Es gehören hierzu: *bringen, holen, kämpfen, wickeln, essen, füttern, singen, sprechen, schreiben, spielen, ordnen, üben, turnen, waschen, heizen, suchen* mit ihren englischen Entsprechungen. Da der Mensch keiner kontinuierlichen Bewegung fähig ist, gehören alle Wörter für länger dauernde menschliche Tätigkeiten hierher.

Verschiedene Verba können sowohl für einzelne Vorgänge als für Vorgangsserien stehen: z.B. *fliegen* (einzeln vom Geschoß, kollektiv vom Vogel), *schwimmen* (= *float*, einzeln, = *swim*, kollektiv). Wenn es auch nicht mehr zu einer bloßen Beschreibung gehört, sei hier doch die Frage aufgeworfen: Warum werden diese Vorgangsserien als Einheit aufgefaßt und bilden gesamthaft die Bedingung eines Verbs? Die Betrachtungsweise ist in zahlreichen Fällen eine teleologische, indem durch die Mehrheit von Vorgängen (nicht aber durch den einzelnen) ein bestimmtes Resultat erreicht wird, z.B. sich in der Luft halten durch viele Flügelschläge (bei *fliegen*), Kommunikation durch eine Mehrzahl von produzierten Lauten (bei *sprechen*), Stillung des Hungers durch mehrere Akte (bei *essen, fressen, füttern* etc.), durch Aktserien erzielte ästhetische Werte (bei *singen, ordnen* etc.), nützliche Ortsveränderung meist durch mehrere Schritte (bei *gehen*) usw.[42]

Wir glauben nicht, daß die Scheidung zwischen Einzelvorgang und Vorgangsserie immer klar durchgeführt werden kann. Doch schien es notwendig, einmal darauf hinzuweisen, daß unser Begriff des Vorgangs, insbesondere die Frage, ob es sich um einen oder mehrere Vorgänge handle, ganz arbiträr von der Sprache aus gehandhabt wurde, indem nämlich alles, wofür ein Verb stehen kann, als Einzelvorgang angesehen zu werden pflegt.

Vorgangspartitiva

Zu den Vorgangspartitiva, d.h. den Verben, für die ein Vorgangsteil Bedingung ist, sind, außer den formal (durch *er-, ver-*) gekennzeichneten Verben, zunächst diejenigen zu zählen, die einen Vorgangsanfang oder -schluß zur Bedingung haben. Hierher gehören: *to start, begin, anfangen, beginnen* (Ingressiva), *to stop, to end, aufhören, (an)halten* (Egressiva).

Darüber hinaus sind beinahe die meisten Verba insofern Partitiva, als sie nur gebraucht werden können, solange der Vorgang noch im Gange, also nicht abgeschlossen ist. Ich darf nicht sagen: „*Er geht*“, oder „*he is moving*“, wenn der bezeichnete Mensch schon wieder stillsteht. Dasselbe gilt für eine große Anzahl von Verben, z.B. *brennen, faulen, fliegen, rollen,*

[42] Vgl. das Kapitel über die teleologisch bedingten Wörter, S. 93ff.

fließen, wehen, kommen, fahren[43] usw. Sie bilden zusammen mit den Vorgangskollektiva die Klasse der durativen Verben.

Es gibt aber anderseits eine große Anzahl von Vorgängen, welche sich so schnell abspielen, daß es unmöglich wäre, das Präsens des dazugehörigen Verbs streng richtig, d.h. noch während des Vorganges selbst zu gebrauchen, z.B. *knallen*. Oder es gibt Vorgänge, über deren Art und Namen man sich erst klar werden kann, wenn sie abgeschlossen sind (Resultatverben, z.B. *töten*, vgl unten S. 94ff.). In beiden Fällen tolerieren unsere Sprachen, daß das Präsens nach Abschluß des Vorgangs gebraucht werden darf, oder daß die Vollendung des Vorgangs geradezu zu den Bedingungen des Verbs gehört.[44] Solche Verba bezeichnet man allgemein als punktuell; Beispiele dafür sind *stoßen, schlagen, strike, knallen, krachen, explodieren, to kick, fallen, stürzen, to put, zucken, nicken, to shrug, kreischen, to shriek, stechen, to stab, to slay* usw.

6. *Beziehungen als Bedingungen*

Eine Anzahl von Verben haben weder Vorgänge noch Zustände zur Bedingung, sondern vielmehr eine Beziehung zwischen zwei Dingen oder zwischen Dingen und Lebewesen. Zu diesen gehören: *besitzen, gehören, enthalten, bedeuten, ähneln, gleichen, scheinen* (= seem), *passen*, im Englischen: *possess, belong, own, contain, mean, resemble, seem, suit, fit.* Diese Verben kommen inhaltlich den Präpositionen wie *in, bei* etc. schon sehr nahe. Da sie völlig statisch sind und keinen Verlauf ausdrücken können, fehlt ihnen im Englischen die progressive Form.[45]

[43] Diese deutschen Verben können allerdings auch dann gebraucht werden, wenn die Bedingung nur potentiell besteht *(er raucht* = er hat die Gewohnheit des Rauchens); das Englische dagegen scheidet i.A. zwischen aktueller und potentieller Bedingung (progressive bzw. einfache Form).

[44] Im Englischen ist die progressive Form der punktuellen Verben: *he is stabbing his assailant*, auch für wiederholten Akt möglich. Viele Verben können sowohl durativ wie punktuell sein: *stoßen* 1. = *boxen*, 2. = *einen Wagen stoßen;* engl. *to find: he is finding a taxi for me*, dtsch. *finden* ist nur punktuell.

[45] Vgl. auch Verf., Das heutige Englisch (Heidelberg [5] 1969, § 20).

III. Statische und dynamische Bedingungen für Substantiv und Verb

A. Einleitung

Das vorangegangene Kapitel behandelte hauptsächlich die Ausnahmen von der Regel, daß ein Substantiv für ein Ding, ein Verb für einen Vorgang und ein Adjektiv für eine Eigenschaft steht. Wenn wir nunmehr zu regelmäßigeren Fällen zurückkehren, so tauchen bei näherer Betrachtung sofort neue Verschiedenheiten auf, die Ansatzpunkte für eine Klassifikation der Wörter liefern. Es soll in diesem Kapitel gezeigt werden, daß die Bedingungen für das Verb und diejenigen für das Substantiv zwar grundsätzlich verschiedener Natur sind, aber sich zuweilen „überkreuzen".

Wird die Bewegung eines Gegenstandes oder Lebewesens sprachlich durch ein Substantiv und ein Verb wiedergegeben, z. B. „*Die Kugel rollt*", so ist offenbar das Statische an der Erscheinung Bedingung für das Substantiv (ich darf „*Kugel*" sagen kraft einer gewissen statischen Eigenschaft des Bezeichneten, nämlich der Form). Anderseits ist alles Dynamische Bedingung für das Verb (der Gebrauch von „*rollen*" ist gestattet, weil das Bezeichnete im Augenblick der Bezeichnung gewisse dynamische Eigenschaften zeigt, nämlich Rotation und Vorwärtsbewegung).

Was an diesem Beispiel der Fall ist, gilt – so nehmen wir an – für jede Aussage über ein bewegtes Ding. Wir glauben, daß stets die statischen Eigenschaften der Erscheinung das Substantiv, die dynamischen das Verb bedingen. Dieses Prinzip ist tatsächlich in allen Sprachen, die den Unterschied zwischen Substantiv und Verb überhaupt kennen, grundsätzlich durchgeführt. Aber die Abweichungen sind so zahlreich und vielgestaltig, daß auf sie unbedingt hingewiesen werden muß, umsomehr, als sie, von Sprache zu Sprache stark variierend, ein wesentliches Merkmal der innern Form ausmachen. Aus diesem Grund soll der Verteilung der statischen und dynamischen Bedingungen auf Substantive und Verben im folgenden genau nachgegangen werden, wobei es sich zeigen wird, daß die Substantiva selten, die Verba dagegen fast immer von ihrer grundsätzlichen Bedingtheit abweichen.

B. Die Substantiva

In der Regel ist ein Substantiv nur durch statische Umstände bedingt. Ob sich das Bezeichnete bewegt oder nicht, ist für den Gebrauch der meisten Substantiva: *Apfel, Wagen, Tisch, Schnee, Schaum, foam* usw., irrelevant.

Nun gibt es aber eine kleine Anzahl von Ausnahmen, nämlich zunächst die Wörter wie *Regen, rain, Gischt, spray, Wind, Woge, Flamme, Lohe, flame, flare,* für deren Gebrauch es absolut notwendig ist, daß sich das Bezeichnete bewegt. So gehören also *Gischt* und *Regen* nach ihrer inneren Form einer andern Kategorie an als *Schaum* und *Schnee.* Diese Wörter mit relevanter Bewegung grenzen ihrem Inhalt nach an die im vorhergehenden Kapitel besprochenen Substantive, die eine Bewegung oder sonst einen Vorgang zur Bedingung haben, z.B. *Tanz, Streit, sneeze.* In beiden Fällen sind bewegte Körper Bedingung; nur, daß das Gewicht bei der Gruppe: *Gischt, Regen* auf dem Ding, bei der Gruppe: *Tanz, Streit* auf dem Vorgang liegt.

In den Zusammenhang der Substantiva mit relevanter Bewegung gehören auch die Nomina agentis (Tätigkeits- und Berufsbezeichnungen), d.h. Wörter, die zur Bedingung haben, daß die bezeichnete Person im Moment der Bezeichnung oder als ständigen Beruf eine bestimmte Tätigkeit ausübt. Sie sind meistens durch lebendige Suffixe gekennzeichnet:[1] *Schneider, Maler* usw., gehören daher nicht zu unserer Grundwörtersemantik. Immerhin sei darauf aufmerksam gemacht, daß man bei der Einteilung solcher Wörter zu scheiden hat zwischen Wörtern wie *Bote, Sprecher, Spieler, Sänger,* welche auch angewendet werden können, wenn das Bezeichnete die betreffende Tätigkeit nur im Augenblick der Bezeichnung oder in irgend einem andern bestimmten Augenblick ausübt, und anderseits Wörter wie *Schneider, Metzger, Lehrer,* welche nur auf Personen bezogen werden können, welche die gemeinte Tätigkeit als Beruf betreiben, womit eine Art sozialer Bedingung dazukommt.

Neben diesen Substantiva, deren Bezeichnetes mehr oder weniger aktiv einen gewissen Vorgang vollzieht, gibt es Wörter, zu deren Bedingung es gehört, daß mit dem passiven Bezeichneten etwas ganz bestimmtes geschieht. Solche Wörter, z.B. *Fracht,* sind weiter unten (S. 92f.) in einem andern Zusammenhange aufgeführt.

C. Die Verben

Wir haben bereits (S. 23) festgestellt, daß ein Vorgang niemals für sich allein erscheinen kann, sondern daß er immer einen Gegenstand oder ein Lebewesen (von uns genannt: das Bezeichnete) braucht, an dem er sich manifestiert. Von diesem Bezeichneten haben wir in den bisherigen Kapiteln über das Verb noch kaum Notiz genommen. Doch liegt es, wenn es den „isolierten Akt" nicht gibt, auf der Hand, daß die Bedingungen für ein Aktwort, d.h. für ein Verb, auch im Individuum zu suchen sind, an dem sich der Akt zeigt. Diese Tatsache erlaubt uns die Unterscheidung zwischen

[1] Ausnahmen sind die Wörter wie *Dieb, Magd, Knecht;* solche mit nicht mehr lebendiger Bildung: *Ferge, Bote, Beck* (oberdeutsch); Lehn- oder Fremdwörter: *Arzt, Commis.*

rein dynamischen Verben, deren Gebrauch von keinerlei statischen Bedingungen abhängt, und dynamisch-statischen Verben, bei denen auch gewisse statische Bedingungen erfüllt sein müssen.

Wenn wir im folgenden bei den einzelnen Verben abzuklären versuchen, welcher Gruppe sie angehören, so muß wohl zuerst die Frage gestellt und beantwortet werden, was denn unter „dynamisch" verstanden wird, oder in andern Worten, welche Attribute einer Bewegung zuzusprechen sind.

Die Definition von „Bewegung", gegeben von Physik und Mathematik, lautet: „Änderung des Orts eines punktförmigen oder räumlich ausgedehnten Gebildes mit dem Zeitablauf". Über eine Ortsveränderung lassen sich grundsätzlich zwei Dinge aussagen, durch die sie vollständig bestimmt wird: 1. ihr Weg (Bahnkurve, daraus ableitbar: ihre Richtung in einem gegebenen Moment), 2. ihre Geschwindigkeit (deren Größe, Beschleunigung, Verzögerung). Alles andere, was im Zusammenhang mit einer Bewegung feststellbar ist, gehört nicht mehr zur Bewegung selbst.

Diese Definition liefert uns ein solides Einteilungsprinzip für unsere Bewegungsverben. Wir fragen: ist das zu untersuchende Verb bedingt durch die Bewegung allein (Weg, Geschwindigkeit), oder auch durch andere Momente. Im ersten Fall nennen wir es „rein dynamisch", im zweiten „dynamisch-statisch bedingt". Der Unterschied sei vorerst an einem einfachen Beispiel gezeigt. Wir vergleichen die beiden Verben *fallen* und *stürzen.* Damit ich sagen kann: *„er (sie, es) fällt (stürzt)"*, muß eine Bewegung vorliegen, die beschleunigt (Geschwindigkeit), zur Erde gerichtet und gradlinig (Weg) ist. Dies sind aber erst die Bedingungen für *fallen;* für *stürzen* tritt noch eine weitere dazu. Es ist möglich, zu sagen: *Er fällt,* wenn das Bezeichnete etwa ein Fingerhut oder ein Bleistift ist; dagegen wäre *Er stürzt* in diesem Falle ganz ausgeschlossen. Man vergegenwärtige sich einen Satz wie: *ein Fingerhut und ein Bleistift stürzten aus dem Fenster.*[2] Die Bewegung allein genügt noch nicht zur Bestimmung von *stürzen;* dieses Verb ist zusätzlich durch das Gewicht des stürzenden Körpers bedingt: ein Mensch etwa und was größer und schwerer ist als er, kann *stürzen,* etwas Leichteres dagegen nicht. Darin liegt der Unterschied gegenüber *fallen,* nicht etwa in verschiedener Geschwindigkeit: wir wissen, daß (ausgenommen spezifisch ganz Leichtes, an dem der Luftwiderstand wirksam wird) alle Dinge ohne Rücksicht auf ihr Gewicht mit gleicher Geschwindigkeit fallen. Was einen *Sturz* von einem *Fall* unterscheidet, ist natürlich auch die Wirkung; aber diese ist nur eine Folge des größeren Gewichts, dieses bleibt damit, sei es direkt oder indirekt, die Bedingung, durch die sich das Wort *stürzen* von

[2] Es sei nicht behauptet, so ein Satz könne überhaupt nicht vorkommen, sicher aber ist er nicht normaler Sprachgebrauch, sondern ein Fehler, der allenfalls um des komischen Effektes willen begangen würde. Produzierte ein Fremdsprachiger den *„stürzenden Bleistift"*, so würde er belächelt und korrigiert werden, genau wie wenn er einen grammatischen Fehler gemacht hätte.

fallen unterscheidet. Das Gewicht eines bewegten Körpers aber – haben wir festgestellt – gehört nicht zur Bewegung, ist eine statische Eigenschaft. Das Verb *stürzen* ist also nicht nur durch die Bewegung, dynamisch, bedingt, sondern dynamisch–statisch.

Es zeigt sich, daß die rein dynamisch bedingten Verben im Englischen wie im Deutschen nur eine kleine Minderzahl ausmachen; es gehören hierzu: *bewegen, to move, verändern, to change, gehen, to go* (in seinem weiteren Sinne), *to put*, frz. *mettre* (aber nicht *setzen, stellen, legen), kommen, to come, drehen, to turn, heben, to lift, senken, to lower, fallen, to fall, to drop.* Sie können, da sie nicht statisch mitbedingt sind, für Bewegungen jedes beliebigen Gegenstandes oder Lebewesens gebraucht werden.

Einige dieser Verben sind weiter unten noch in besonderen Zusammenhängen behandelt. Gehört eine ganz bestimmte Richtung der Bewegung zu den Bedingungen, so bezeichnen wir das Verb als Vektor; siehe den Abschnitt über Vektoren (S. 84ff.). Und von der Geschwindigkeit einer Bewegung ist zu sagen, daß sie für ein bestimmtes Verb oft keine absolute Größe zu haben braucht, sondern eine relative, auf eine bestimmte Norm bezogene. Hierüber vergleiche man das Kapitel über die Normen (S. 101ff.).

Die Mehrheit bilden, wie gesagt, die dynamisch-statisch bedingten Verben. Diese seien im folgenden systematisch auf ihre statischen Bedingungen hin untersucht, soweit diese Bedingungen sich im Subjekt oder Objekt befinden, d.h. in den bewegten Lebewesen oder Gegenständen.[3] Wir ordnen also die Verben nach den statischen Bedingungen im Subjekt und Objekt, wobei diese natürlich nicht die einzigen sind, von denen das Verb abhängt. Wenn also z.B. das Verb *strömen* unter dem Titel „bestimmter Aggregatszustand" aufgeführt wird, so heißt das nicht, daß es nur von dieser Bedingung abhängig sei (es kommt ja dazu, daß *strömen* im Gegensatz zu *rinnen* nur von einer großen Flüssigkeitsmenge gesagt werden kann); es heißt vielmehr, daß der Aggregatszustand eine der Bedingungen ist, die den Gebrauch dieses Verbs regeln.

1. Die zahlenmäßigen Bedingungen

Wir fragen zunächst: Wieviel Dinge oder Lebewesen müssen höchstens oder mindestens mit dem Vorgang in einem ursächlichen Zusammenhang stehen, damit ein gegebenes Verb anwendbar ist? Offenbar gehört doch ein Wort wie *singen* in eine andere Kategorie als z.B. *wimmeln.*

[3] Wenn ein Verb auch durch Bedingungen bestimmt ist, welche nicht im Subjekt oder Objekt, sondern noch weiter außerhalb liegen, nennen wir es komplex; vgl. Kapitel IV.

a) Die Zahl der Subjekte (Aktoren)

Unter „Subjekt" verstehen wir hier das Realsubjekt (englisch: the agent), d.h. das Individuum, das die Bewegung ausführt und das auch die Ursache derselben ist.[4] Für die meisten Verben ist es gleichgültig, ob ein Realsubjekt (wobei der Singular des Verbs gebraucht wird) oder mehrere (wobei mit Ausnahme der Kollektiva der Plural des Verbs gebraucht wird) sich bewegen. Beispiele solcher gegenüber der Zahl der Subjekte unempfindlicher Verben lassen sich genügend finden: *sprechen, singen, gehen, springen, winken, zucken, schreien, nicken, ziehen, greifen* usw.

Dieser die Regel bildenden Klasse ist nun als Ausnahme diejenige der Verba pluralia tantum gegenüberzustellen. Der Ausdruck stammt von R.M. Meyer (Indogermanische Forschungen, 24. 279ff.); behandelt ist die Erscheinung ferner in Jespersens Philosophy of Grammar, S. 210; die dort genannten Beispiele sind: *wimmeln,*[5] *sich anhäufen, sich zusammenrotten, umzingeln,* und für das Englische: *to swarm, to teem, to crowd, to assemble, to conspire,* woran *to march* angeschlossen werden kann. Der Name läßt vermuten, diese Verben könnten nur im Plural gebraucht werden; dies trifft nicht zu: *„Im Ameishaufen wimmelt es":* man kann sie genauer definieren als Verben, die nur gebraucht werden können, wenn Bewegungen vieler Subjekte vorliegen. Als Untergruppe wären noch die Verba dualia tantum abzugrenzen, bei denen die Ursachen der Bewegungen in mindestens zwei Individuen liegen müssen, also etwa: *ringen, fechten, kosen, to quarrel* usw. Auch diese Verben sind ebenfalls im Singular gebräuchlich, aber es gehören mindestens zwei aktive Subjekte dazu.

Durch die Zahl der agentes unterscheiden sich auch engl. *to meet, to pass, to catch* von ihren deutschen Entsprechungen. *To meet* wird meist mit *treffen,* oft aber auch mit *antreffen* oder *begegnen* übersetzt. Bei den beiden letzteren Wörtern kommt es darauf an, ob der Getroffene selbst auch aktiv ist. Man kann einen Freund *treffen* ohne Rücksicht darauf, ob er sich bewegt oder nicht, also auf der Straße, im Klub usw. *Antreffen* kann man nur den Ruhenden (zu Hause, an einem Treffpunkt), *begegnen* jedoch kann man nur dem der sich selbst bewegt (auf der Straße, metaphorisch: auf der Lebensreise). Auch *einholen, überholen* hat zur Voraussetzung, daß die zweite Person selbst aktiv ist, wogegen *to pass* hiervon unabhängig ist. Ähnliches gilt von *fangen;* das Gefangene braucht zwar nicht im Moment der Handlung aktuell bewegt zu sein (Fliegen und Mäuse fängt man, während sie still sitzen), notwendig für den Gebrauch des Verbs ist aber die potentielle Beweglichkeit. Was sich nicht bewegen könnte, kann nicht gefangen werden. Diese Bedingung besteht bei *to catch* nicht immer: es kann auch auf ruhendes, totes Objekt verwendet werden und heißt dann einfach:

[4] Vgl. auch das Kapitel: Aktivität oder Passivität des Bezeichneten (oben S. 50ff.).

[5] Formal Iterativ.

ergreifen, z.B. *he caught his bundle* (Shorter OED, Bedeutung V: „to snatch").

Noch häufiger als die Verba pluralia tantum sind die entsprechenden Substantiva, d.h. die Nomina actionis, welche nur bei Bewegung mehrerer Subjekte gebraucht werden können: *Fest, Bankett, Krieg, Tumult, Streit, Turnier, match, clamour, throng,* und noch zahlreicher mit Kollektivformen: *Getümmel, Gewühl, Gedränge* usw.

b) Die Zahl der Objekte

Als Objekt definieren wir jeden Gegenstand, an dem die fragliche Bewegung sichtbar wird, der aber nicht selbst ihre Ursache enthält. Es gibt eine ganze Anzahl von Verben für Akte ohne reales Objekt, z.B. *singen, sprechen, gehen, fliegen.* Wo ein reales Objekt möglich ist, ist es in den meisten Fällen gleichgültig, ob es sich um eines oder mehrere Objekte handelt: *werfen, kratzen, holen, bringen, stoßen* usw. Bei einer kleineren Anzahl von Verben ist dagegen der Gebrauch nur erlaubt, wenn mehrere Objekte von der Bewegung erfaßt sind. Jespersen (Mod. Engl. Grammar II, 6. 91, und Philosophy of Grammar S. 210) zitiert wiederum Meyers Beispiele: *sammeln, vereinigen, trennen,* und fügt bei: *to collect, to unite, to separate;* auch *streuen* und *to gather* lassen sich hinzufügen.

Ein Unterschied besteht zwischen Englisch und Deutsch bei *sammeln* und *to collect.* Im Englischen ist möglich: *Please collect your passports,* übersetzt: *Bitte holen Sie Ihre Pässe ab;* d.h. es ist im Pl. ein einzelnes Objekt „pro" Subjekt möglich. Dasselbe scheint in neuester Zeit auch in der Einzahl möglich zu sein; so hört man z.B.: *You can collect it when you come back.* Im Deutschen dagegen ist einzelnes Objekt bei *sammeln* nach wie vor absolut ausgeschlossen. Jeder Verstoß gegen die Regel wirkt außerordentlich komisch; man erinnert sich an den Schülerwitz: „*Er versammelte seinen einzigen Sohn um sich*".

In den vorgenannten Beispielen sind jeweils alle Objekte grundsätzlich in gleicher Weise durch die Bewegung beeinflußt, d.h. wo Dinge *gesammelt* werden, geschieht mit jedem ungefähr dasselbe. Daneben gibt es nun eine große Anzahl von Verben, deren Objekte nicht gleichgestellt sind, d.h. es sind wiederum mehrere Objekte (also Dinge oder Lebewesen, in denen die Ursache der Bewegung nicht liegt) notwendig, welche aber in verschiedener Weise an der Bewegung teilhaben. Beispiel: *füttern;* damit dieses Verb auf einen Akt angewendet werden kann, ist neben dem Subjekt (dem Menschen, von dem die Bewegung ausgeht) mindestens zweierlei nötig: das Futter und ein Tier, dem es gereicht wird. Das gilt für dieses Verb immer, nicht nur, wenn ich sage: *Er füttert das Pferd,* sondern auch, wenn ich nur sage: *Er füttert.* Ein Mann kann so lange er will die Bewegungen mit Händen und Armen machen, die er beim Füttern auszuführen pflegt; man kann diese Bewegungen erst dann als *füttern* bezeichnen, wenn Futter und Tier vorhanden sind.

Dasselbe gilt etwa für: *geben;* auch dieses Verb hat außer dem Subjekt eine Gabe und einen Empfänger zur Voraussetzung. Die syntaktische Behandlung dieser Art Verben ist nicht einheitlich: im Falle von *füttern* wird der Empfänger, im Falle von *geben* die Gabe als das grammatische Objekt angesehen.

Andere Verba dieser Klasse: *erschlagen, to stab, to shoot* sind „dreiseitig", *kaufen, tauschen* sind „vierseitig": je 2 Personen und 2 Dinge, d.h. 2 Gegenstände oder Gegenstand und Geld.[6]

2. Die Beschaffenheit von Subjekt und Objekt

a) Die Bedingungen im Subjekt

Ein Beispiel dafür, wie ein Verb durch Eigenschaften des bewegten Körpers oder Subjekts[7] bedingt sein kann, haben wir schon weiter oben mit „*stürzen*" gegeben. Im folgenden wollen wir eine Übersicht über die wichtigsten Bedingungen geben, denen der bewegte Körper genügen muß, damit seine Bewegung mit einem bestimmten Verb bezeichnet werden darf.

Aggregatszustand

Eine Bewegung kann nur dann *wehen* genannt werden, wenn der bewegte Körper Luft ist, nur dann *fließen,* wenn sich eine Flüssigkeit bewegt. *Strömen* ist beschränkt auf flüssige (in neuerer Zeit ausgedehnt auf gasförmige) Körper, *rinnen* auf flüssige und aus sehr kleinen festen Teilen bestehende, z.B. Sand. Im Gegensatz zu *rinnen* ist engl. *run* fast unbeschränkt anwendbar.

In diese Kategorie gehören auch die Verben für atmosphärische Niederschläge: *regnen, schneien, hageln,* die aber sämtlich von den dazugehörigen Substantiva abgeleitet sind.

Bestimmter Stoff

Als Beispiel eines englisch-deutschen Unterschiedes nennen wir hier *brechen* und *to break.* Beide bedeuten: „to separate into two or more por-

[6] Syntaktisch äußern sich solche Unterschiede der „Seitigkeit" als Unterschiede der *Valenz* (Verbindbarkeit); vgl. G. Stötzel, Ausdrucksseite und Inhaltsseite der Sprache (München 1970).

[7] Unter Subjekt verstehen wir (wie oben S. 50f.) in erster Linie den selbstbewegten Körper (Ursache der Bewegung enthaltend) in zweiter Linie auch den nicht selbstbewegten, nämlich dann, wenn sich kein persönliches und individuelles Subjekt (Ursache) der Bewegung finden läßt, z.B. Eis und Regen in: *das Eis bricht, der Regen fällt.*

tions“ (Cassell), wozu als weitere Bedingung hohe Geschwindigkeit zu nennen ist. Deutsch *brechen* hat aber zur Voraussetzung, daß das Material spröde ist, im Englischen besteht diese Bedingung nicht so unbedingt wie im Deutschen: man kann *to break* auch von Saiten, Stricken, Fäden usw. brauchen, wo mit *(zer)reißen* übersetzt werden muß.[8]

Als wirkliches Subjekt (Agens) kommen nur Mensch und Tier in Betracht, wo „Material“, Form und Gewicht bekanntlich nicht sehr stark variieren. Deshalb spielen diese Bedingungen eine viel größere Rolle beim Objekt (vgl. S. 66ff.).

Relative Größe

Einige Verba auf *-eln: krabbeln, zappeln, wimmeln, kuscheln,* engl. *nestle,* haben Subjekte von relativer Kleinheit zur Voraussetzung. *Zappeln* ist bei Sanders-Wülfing definiert als „mit wiederholten kurzen lebhaften Zukkungen sich regen und bewegen“. Natürlich besteht ein enger Zusammenhang zwischen der Raschheit der Bewegung und der Kleinheit, insofern als etwas Großes kaum sehr schnelle, die Richtung rasch und unregelmäßig wechselnde Bewegungen machen kann, wie wir sie mit *zappeln* bezeichnen. Im ganzen gesehen ist aber die Kleinheit wichtiger als die Schnelligkeit: ein Insekt kann *„nur noch ganz langsam zappeln“;* ein Elefant *zappelt* nie. *Schreiten* hat, im Gegensatz zu englisch *to step,* relative Größe des Subjekts zur Voraussetzung, wobei dieser Unterschied aber nicht der einzige ist: das Subjekt zu *schreiten* muß auch „würdig“ sein, deshalb ist die Bewegung im allgemeinen langsamer als die von *to step.*

Menschen oder Tiere als Subjekt

Besonders die Verben der Nahrungsaufnahme sind insofern durch das Subjekt bedingt, als sie entweder nur für Menschen *(essen)* oder Tiere *(fressen)* oder aber nur für bestimmte Tiergattungen gebraucht werden können. Zu den letzteren gehören: *weiden* und *äsen.* Die Bewegungen und das Objekt (z.B. Gras) sind ohne Einfluß, entscheidend ist das Subjekt: *weiden* geht nur für Haustiere, *äsen* nur für Wild. *Atzen* kann (außer wenn scherzhaft von Kindern gebraucht) nur Vögel zum Subjekt (und zum Objekt) haben. Die englischen Verba für die Nahrungsaufnahme sind nicht in demselben Maße durch das Subjekt bedingt[9]: *eat* und *feed* sind überhaupt frei, *graze* (grasen) und *browse* (Blätter, Schößlinge abnagen) eher vom Objekt abhängig.

[8] Ein stoffbedingtes Verb für einen Prozeß ist *vergilben* (von Papier, seltener Geweben, gebräuchlich).

[9] Vgl. auch *Futter* und *Nahrung,* S. 92, und *füttern, feed* unter „Bedingungen im Objekt“.

Apportieren unterscheidet sich von *bringen* durch die zusätzliche Bedingung, daß das Subjekt ein Hund sei. *Fahren* ist strenggenommen auf Menschen beschränkt, ebenso *schweigen.* Im Englischen unterscheiden sich *wait for* und *expect* dadurch, daß das erste auch für Gegenstände gebraucht werden kann *(30 shillings are waiting for me),* das zweite nur von Menschen.

Macht des Subjekts

Diese Kategorie sei nur gestreift, da es sich bei den in Frage kommenden Verben schon um Abstrakta handelt. Das Verb *geruhen* z.B. bedeutet: „einverstanden sein", es kann aber nur gebraucht werden, wenn das Subjekt über eine relativ große Macht oder Autorität verfügt. Ähnliches gilt für *abschlagen* im Vergleich mit *weigern* (englisch beides = *to refuse): eine Bitte abschlagen* kann nur, wer über dem Bittsteller steht oder ihm gleichgestellt ist, *sich weigern* kann auch der Untergeordnete. Schließlich heißt *fordern* (Sanders-Wülfing): „ein Verlangen, dessen Gewährung man beanspruchen darf oder zu dürfen glaubt, zu erkennen geben". Bei *bitten,* noch ausgesprochener bei *flehen,* pflegt das Subjekt dem Objekt an Macht unterlegen zu sein. Freilich wird *bitten* heute immer mehr auch von Vorgesetzten verwendet, doch darf es in diesem Gebrauch immer noch als Höflichkeitsform gelten.

b) Die Bedingungen im Objekt

Aggregatszustand

Halte ich eine Büchse oder ein ähnliches Gefäß in der Hand und neige sie, daß ihre Öffnung nach unten schaut, so habe ich sicher eine ganz bestimmte Bewegung gemacht. Diese Bewegung muß aber mit verschiedenen Namen bezeichnet werden, je nach dem, was aus der Büchse herauskommt: *gießen* ist nur bei flüssigem, *streuen* nur bei pulverförmigen (Zucker, Sand usw.) Objekt möglich, *schütten* bei beiden Klassen, wobei hier aber noch höhere Geschwindigkeit der Bewegung und größere Quantität des Objekts vorausgesetzt ist. Englisch *sprinkle* deckt ungefähr den Bereich von *spritzen* und *streuen,* da es nicht nur für flüssiges sondern auch für pulverförmiges Objekt *(sugar, sawdust)* verwendbar ist, auch *pour* geht im Gegensatz zu *gießen* für beide Klassen. Es ergibt sich für dieses Feld ungefähr folgende Tabelle:

	für Flüssiges	für beides	für Festes
kleinere Menge		*sprinkle*	
	spritzen		*streuen*
	gießen	*pour*	
größere Menge		*schütten*	

Das Deutsche scheint also mehr zu differenzieren.

Ein Feld, bei dem der Aggregatszustand des Objekts eine große Rolle spielt, bilden die Ausdrücke für die Kochprozesse. Als Definition von *kochen* (das als Resultatverb zu Abschnitt IV E S. 94 gehört), kann etwa gelten: „durch Erhitzen eßbar oder wohlschmeckend machen". Diese weitere Definition gilt aber nur, solange *kochen* ohne Objekt gebraucht wird *(„Was macht sie? Sie kocht.")*. Sobald *kochen* mit Objekt konstruiert wird, kann es nur noch verwendet werden, wenn der zu kochende Gegenstand flüssig, breiig oder in Flüssigkeit „eingebettet" ist (Suppe, Äpfel; Fleisch nur, wenn in Wasser). Bei *sieden* ist auch das nur Feuchte oder Breiige ausgeschlossen, es muß sich ganz oder teilweise um Flüssigkeit handeln. *Braten* verlangt mehr oder weniger feste Körper (Fleisch, Äpfel) und Fett ohne Zusatz von Wasser, *rösten* mit sehr wenig Fett, *schmoren* dasselbe, aber mit etwas Wasser, *backen* ist beschränkt auf teigiges Objekt (regionale Ausnahmen: Hühner, Fische, Obst). Die englischen Entsprechungen zu diesen Verben gehören interessanterweise grundsätzlich in eine andere Kategorie. Sie sind S. 83 behandelt und mit den deutschen Wörtern verglichen.

Form des Objektes

Die drei deutschen Entsprechungen von *to put* und *mettre: setzen, legen, stellen,* sind für den Engländer oder Franzosen darum schwierig, weil ihr Unterschied nicht in der Bewegung selbst liegt, sondern primär durch die Form des Objekts bedingt ist. Man kann z. B. in England hören: *„man muß noch etwas Salz in die Suppe stellen".* Als erste Einschränkung ist wohl zu nennen, daß es sich bei den drei Verben *setzen, stellen, legen* um ein festes (auch nicht pulverförmiges oder körniges) Objekt handeln muß. Ferner muß bei *stellen* und bei *legen* ein Objekt vorhanden sein, das nach einer Seite größere Ausdehnung besitzt als nach anderen, bei *stellen* ein Objekt, von dem es eine Normalstellung gibt (ich kann nicht sagen: *ich stelle diesen Mantel auf den Tisch),* also ein festes und irgendwie symmetrisches Objekt. Dagegen braucht in dieser Normalstellung nicht die Höhe die größte Ausdehnung zu sein: man kann auch flache Schüsseln, Schuhe u. ä. *stellen.* Auch ein Objekt, das *„gesetzt"* wird, muß symmetrisch sein; daneben ist die Bewegung langsamer.

Englisch *poke, prod,* deutsch *stochern* haben spitziges Medium (grammatisch oft Objekt) zur Bedingung: Finger, Nase, Stock, Feuereisen *(poker).*

Größe und Gewicht des Objektes

Das Verb *klauben* kann definiert werden als: „infolge Kleinheit der Objekte (selten: des Objekts) mühsames Sammeln, Auflesen oder Herausnehmen."

Das Gewicht des Objekts kann ebenfalls eine Rolle spielen. Analog zu *stürzen* sind *schleudern* und *to hurl* beschränkt auf schwere Objekte. Sanders-Wülfing definiert *schleudern* als: mit heftigem Schwung werfen (heftig bedeutet offenbar nicht nur schnell), ebenso wird *to hurl* (C.O.D.) mit: „to throw violently" umschrieben. Möglich ist allerdings: *„er schleuderte die Münze verächtlich zu Boden"*, doch bleibt hier wenigstens die Beschränkung auf spezifisch schwere Objekte. Ein Papierflugzeug kann auch mit großer Kraft nicht *„geschleudert"* werden. Ebenfalls schweres Objekt verlangen *wälzen* und *stemmen*, die im Englischen ohne genaue Entsprechung sind.

Beschränkung auf Lebendes, Tier, Mensch

Von *beschädigen*,[10], *to damage, verwunden, to wound, verletzen, to hurt* sind die ersten zwei auf nichtlebendes, die restlichen auf lebendes Objekt beschränkt. Anlaß zu Übersetzungsfehlern gibt für die Engländer *to injure*, da es sowohl bei lebendem wie bei nichtlebendem Objekt gebraucht werden kann, während das Deutsche nur auf die eine oder die andere Seite festgelegte Verben kennt. So entstehen Fehler wie: *zwei Passanten wurden beschädigt.*

Als österreichische Besonderheit sei der von den andern deutschsprachigen Gegenden verschiedene Inhalt von *einsperren* erwähnt. Während *einsperren* sonst überall nur von lebendem Objekt gebraucht werden kann, ist es österreichisch auch von Nichtlebendem möglich: *„Der Malteser sperrte den Brief ein"* (Hofmannsthal, Andreas, in: Erzählungen, Bermann-Fischer Gesamtausg., S. 295). Während deutsch *erlauben* nur Lebewesen zum Objekt haben kann, ist englisch *allow* auch für Lebloses möglich. Der Unterschied zwischen Tier und Mensch, der bereits im Subjekt sich als relevant gezeigt hat, spielt auch im Objekt eine Rolle. Dem Unterschied zwischen *fressen* und *essen* entspricht für das Objekt derjenige zwischen *füttern*[11] und *(er)nähren* (häufiger: *zu essen geben).* Das Englische hat auch beim Objekt den Unterschied nicht: *to feed* ist in beiden Fällen möglich. Ebenso haben *dressieren* und *abrichten*, die nur auf Tiere anwendbar sind, im Englischen keine genaue Entsprechung.

[10] Zur Goethezeit ist die Verwendung von *beschädigen* auf Personen noch gang und gäbe; vgl. Die natürliche Tochter. Der Ausdruck *„Kriegsbeschädigte"* ist ein Kompositum. Die Definition des einfachen Verbs *beschädigen* wird dadurch nicht berührt.

[11] Über die Anwendung von *füttern* bei kleinen Kindern vgl. das Kapitel über indirekte Metapher. In gleicher Weise wie bei den Verben wird zwischen *Futter* und *Nahrung* unterschieden.

Ein weiteres Beispiel, in dem das Deutsche einen Unterschied macht, das Englische nicht, ist *to shoot* (wenn es mit Objekt gebraucht wird, wobei es dann bedeutet: „durch Schießen töten"). Dem Engländer können darum Fehler unterlaufen wie: *„Der Indianer schoß seinen Gegner"*. Der Gebrauch von *schießen* ist auf jagdbare Tiere, derjenige von *erschießen* im allgemeinen auf Menschen als Objekt beschränkt (Ausnahme: Haustiere, z. B. Hunde). Hier wird besonders gut sichtbar, daß es nicht um den Unterschied im Akt geht, sondern um den des Objekts; man kann sich gut einen Text vorstellen wie: *„er glaubte einen Hirsch geschossen zu haben, hatte aber einen Menschen erschossen"*.

Autoritätsverhältnisse, Eigentum

Verben, die durch das Autoritätsverhältnis von Subjekt und Objekt bedingt sind, wurden bereits oben (S. 66) behandelt.

Der Begriff des Eigentums spielt hinein bei *stehlen* (Objekt kann nicht Eigentum des Subjekts sein); *to borrow, to lend, kaufen, verkaufen* haben ähnliche Bedingungen.

Beschränkung auf engste Objektklassen

Die vorausgegangenen Abschnitte behandelten Verben, deren Objekte bestimmten, mehr allgemeinen Bedingungen genügen, z. B. lebend, schwer, flüssig sein mußten. In diesen letzten Abschnitt verweisen wir Verben, die nicht nur Ansprüche allgemeiner Art an das Objekt der Handlung stellen, sondern ein Objekt von so genau bestimmter Art erfordern, daß es dafür nur ein einziges Substantiv gibt. Es sind also Verben, die praktisch nur mit einem oder sehr wenigen bestimmten Substantiven zusammen vorkommen, z. B. *blecken, to gnash,* und Zähne, *zücken* und Schwert, Dolch, wogegen die Übersetzungen: *show, knirschen, draw* weniger beschränkt sind.

Zunächst sind hier die Verben für die Bewegung eigener Körperteile zu nennen, welche hier der Einfachheit halber einheitlich als Objekte aufgefaßt sind (vgl. S. 53). Hierher zu zählen sind *to shrug* (Objekt nur Schultern). *to nod* (Kopf), *to wave* (Hand, Tuch, Stab; umfaßt deutsch *winken* und *schwenken), to nudge* (Ellbogen), *to flick, schnippen* (Finger), *to pout* (Lippen schürzen), *zausen* (Haare und Federn), *zappeln, strampeln, to kick* (Beine). Andere auf eine einzige Klasse von Objekten beschränkte Verben sind *to slam* (fast nur für Türen) und sein genaues schweizerdeutsches Äquivalent *schletzen.* Ein deutsches auf zwei Klassen beschränktes Wort ist *pflücken.* Die Greif- und Zupfbewegung kommt zweifellos bei vielen Objekten vor; dennoch ist *pflücken* auf Blumen und Obst beschränkt. Daß das Objekt und nicht nur der Akt für den Gebrauch des Verbs entscheidend ist, steht fest: schon bei Pilzen als Objekten wird *pflücken* normalerweise nicht mehr verwendet. Die feldnächsten englischen Verben: *to pick, to gather, to pluck* haben keine derart starke Objektsbeschränkung, *to cull* dagegen geht nur für Blumen. Ebenso ist *knacken* im Deutschen auf Nüsse beschränkt, engl. *to crack* ist freier.

Starke Unterschiede herrschen bei den Verben, die ungefähr „Abschneiden von Überflüssigem" bezeichnen. Deutsch *schälen* kann nur für Früchte, Zweige und gewisse Gemüse verwendet werden; man vergleiche auch: *to prune* (Bäume), *to preen* (Vogelfedern), *to lop* (Zweige), *to trim* (Bäume, Hecken, Haare, Dochte), gegenüber *stutzen* (Haare, Federn). Engl. *to doff* und *to don* sind auf Kleidungsstücke, besonders Hüte, beschränkt.

Ein letztes Beispiel soll allgemein bei der Beschreibung von Wortinhalten zur Vorsicht mahnen: man könnte z.B. *essen* und *to eat* definieren als: „zum Munde führen, kauen, schlucken" (bei *essen* mit der Beifügung: nur vom Menschen anwendbar) und glaubte dann, den Inhalt der beiden Wörter vollständig beschrieben zu haben. Nun sind aber auch *essen* und *to eat* objektbedingt: es gehört zu den Voraussetzungen dieser Wörter, daß das Objekt etwas Eßbares (Nährendes) sei. Ist das Objekt desselben Aktes Chinin, Pillen, Pulver oder irgend etwas, was nicht der Ernährung dient, so ist *essen* nicht gestattet. Nehme ich einen kleinen Fleischkloß mit Suppe zu mir und schlucke ihn ungekaut, so ist das *gegessen,* befindet sich an Stelle des Kloßes eine Pille, so ist es *eingenommen.*

3. Die semantische Kongruenz

Die Erkenntnis der Tatsache, daß die meisten unserer Verben nicht nur durch die Eigenschaften einer Bewegung, sondern auch durch die Beschaffenheit des Subjekts oder Objekts dieser Bewegung bedingt sind, verhilft uns nicht nur zu einer präziseren Beschreibung der einzelnen Wortinhalte; sie führt uns darüber hinaus zum Prinzip der semantischen Kongruenz. Was darunter zu verstehen ist, zeigt am besten ein Vergleich mit den bekannten grammatischen Kongruenzen, den formalen Übereinstimmungen von zwei oder mehr Wörtern im selben Textzusammenhang. In irgend einer Form tritt die Forderung nach solchen Kongruenzen in den meisten Sprachen auf; in unsern Sprachen ist wohl die Numeruskongruenz die bekannteste: Wenn das Subjekt (Substantiv oder Pronomen) im Singular steht, muß auch das Prädikat (Verb) im Singular stehen, und dasselbe beim Plural. Es ist falsch, zu sagen: *„Die Kinder spielt"*. Ausnahmen wie engl. *„the police are after him"* werden als solche besonders vermerkt.

Die Notwendigkeit der Numeruskongruenz ergibt sich daraus, daß nicht nur das Substantiv in einer gegebenen Form den Numerus anzeigt, sondern auch das Verb, daß es mithin unsinnig wäre, wenn sich diese beiden Angaben gegenseitig widersprächen. Meist sind uns die Kongruenzen in unserer

Muttersprache nicht bewußt; sie werden es erst, wenn wir sehen, wie sich Fremdsprachige damit abmühen.

Um die semantische Parallelerscheinung zu verstehen, vergegenwärtigen wir uns am besten, daß jede Benennung in gewissem Sinne eine Klassifikation ist. Wenn ich sage: „*Das ist ein Bach*", so rechne ich damit das Bezeichnete zur „Klasse" der Bäche (wobei wir natürlich wissen, daß eine solche „Klasse" nie geschart und geeinigt vorkommt und überhaupt nur in unserer Phantasie existiert). Wenn ich ein Verb brauche und sage: „*Er fließt* ...", so sage ich vom Bezeichneten aus, daß es die Bedingungen erfüllt, die den Gebrauch des Wortes *fließen* ermöglichen. Diese Bedingungen aber, wie wir jetzt vielfach gesehen, beziehen sich nicht nur auf die Bewegung, sondern auch auf das Bewegte: es muß sich um Flüssiges handeln. Nicht nur das Substantiv, sondern auch das Verb klassiert das Bezeichnete. Wenn ich also die beiden im selben Satz gebrauche: „*Der Bach fließt*", so wird das Bezeichnete doppelt klassiert. Diese beiden Klassifikationen desselben Gegenstandes dürfen sich natürlich nicht widersprechen. Dies geschähe, wenn ich z. B. sagte: „*Das Wasser weht*", d. h. das Bezeichnete durch das Substantiv als Flüssigkeit, durch das Verb als Luft klassiere, also vom gleichen Gegenstand zwei Dinge aussagte, von denen nur eines wahr sein kann.

Allgemein kann man formulieren: Jedes Substantiv, auf einen Gegenstand angewendet, klassifiziert denselben; auch die meisten Verben klassifizieren nicht nur die Bewegung, sondern auch den bewegten Körper. Wird nun ein Substantiv und ein Verb zugleich auf dasselbe Ding angewendet, so dürfen sich die beiden Klassifikationen nicht widersprechen, sondern sie müssen entweder gleich sein: „*Die Flüssigkeit fließt*", oder aber die Klasse des Verbs muß weiter sein als die des Substantivs: „*Das Wasser fließt*". Diese geforderte Übereinstimmung in den Klassifikationen durch Substantiv und Verb nennen wir hier die semantische Kongruenz.

Semantische Kongruenz muß – im allgemeinen; über die interessanten Ausnahmen siehe unten – bestehen zwischen demjenigen Substantiv, das Subjekt, und demjenigen Verb, das Prädikat ist, aber auch zwischen dem Prädikat und dem Objekt. So klassiert *schießen* (im Gegensatz zu *shoot)* das Objekt als jagdbares Wild; jedes Substantiv, das grammatisches Objekt zu diesem Verb ist, muß sein Bezeichnetes gleichfalls als jagdbares Wild oder enger klassieren. Es ist also im Deutschen möglich, zu sagen: *Er schießt Hasen, Rehe, Füchse,* aber nicht: *Er schießt Menschen, seinen Gegner,* usw. Die richtige Handhabung der semantischen Kongruenz ist offenbar genau so notwendig für den Gebrauch einer Sprache wie die Kenntnis der eigentlichen grammatischen Regeln. *Menschen beschädigen, die Kuh ißt,* solche Wendungen sind im Deutschen Fehler, genau wie die Verwendung von *wegen* mit dem Dativ.

Wenn die Zerreißung der semantischen Kongruenz einerseits als deutlicher Fehler gilt, so kann sie anderseits in gewissen Fällen nicht nur geduldet, sondern geradezu als besonderes Stilmittel empfunden werden. Der folgende Abschnitt soll dies zeigen.

4. Die indirekte Metapher

Was wir indirekte Metapher nennen, sei zunächst abgegrenzt von der direkten oder herkömmlichen Metapher. Wir vergleichen dazu die beiden Sätze:

Die Steine reden.
Die Steine schweigen.

Wir sehen in diesen zwei Wendungen etwas völlig Verschiedenes und nennen die erste direkte, die zweite indirekte Metapher. Dies geschieht aus folgenden Gründen:

Wir definieren den Akt „*reden*" als: Laute hervorbringen, die die Typen irgend einer Sprache verkörpern. Man sieht sofort: es ist in Wirklichkeit unmöglich, daß Steine je solche Laute hervorbringen, also den Redeakt vollziehen können. Wenn also *reden* dennoch von Steinen ausgesagt wird, so ist damit etwas ganz anderes gemeint, was wir hier nicht näher untersuchen wollen, auf jeden Fall nicht der reale Akt. Es handelt sich also nicht um realen, sondern um übertragenen Gebrauch: um direkte Metapher.

Betrachten wir nunmehr den zweiten Satz. Offenbar ist die Bedingung für den Gebrauch des Wortes *schweigen* diejenige, daß kein Redeakt stattfindet; *schweigen* ist ein Privativ, das die „Abwesenheit" eines Aktes zur Bedingung hat. Nun kann ich zweifellos von einem Stein aussagen, daß er keinen Laut, also auch keinen Redeakt von sich gibt. In Bezug auf den „reinen Akt" erfüllen unsere Steine durchaus die Bedingungen für das Wort *schweigen.* Daß die Steine nicht reden, stimmt wirklich, im Gegensatz zur Aussage, daß die Steine reden, die der Realität nicht entspricht. Nun ist aber das Privativ *schweigen* nicht nur in bezug auf den reinen Akt bedingt dadurch, daß kein Reden stattfindet; es ist auch bedingt durch das Subjekt: wie wir gesehen haben, kann *schweigen* nur angewendet werden, wenn das Subjekt normalerweise zu reden imstande ist (Vgl. oben, S. 50). Diese Subjektsbedingung ist nun bei Steinen nicht erfüllt. Und darum ist die Wendung: *Die Steine schweigen,* nicht „der Brauch" oder, wenn wir schärfer formulieren: nicht korrekt, weil die semantische Kongruenz nicht vorliegt: *Steine* klassiert das Bezeichnete als nicht sprechfähig, *schweigen* klassiert es als sprechfähig.

Allgemein formulieren wir den Unterschied wie folgt: Ein Verb ist dann direkt metaphorisch gebraucht, wenn die Bedingungen in bezug auf den Akt nicht erfüllt sind; es ist indirekt metaphorisch gebraucht, wenn die Bedingungen in bezug auf den reinen Akt erfüllt sind, nicht aber diejenigen in bezug auf das Subjekt oder Objekt des Akts. Dem ist beizufügen, daß natürlich der falsche Gebrauch eines Wortes an sich noch keine direkte oder indirekte Metapher ist; jede Metapher muß sich gewissermaßen auf einer höheren Ebene als „richtig“ erweisen.

Die indirekte Metapher ist eine sprachliche Erscheinung, die zwar von jedermann als Besonderheit empfunden wird, die sich aber erst bei unserer Betrachtungsweise klar herausstellt. Sie erfährt deshalb hier eine etwas breitere Darstellung.

Die indirekte Metapher ist also der gleichzeitig (in bezug auf die Aktbedingung) wörtlich-reale und (in bezug auf die Gegenstandsbedingung) übertragene Gebrauch eines Verbs. Diese Zwischenstellung gibt ihr etwas Schillerndes, mit dem Intellekt nicht sogleich Faßbares. Wenn in unserm Beispiel die Steine durch das Wort *schweigen* als Lebewesen klassiert, „angeschaut“ sind, so ist diese Anschauung zweifellos nicht so deutlich, wie bei einer direkten Metapher: *„Die Steine leben, reden“* usw. und, wenn wir so sagen dürfen, im Gegensatz zu jener nie aufdringlich. Die *schweigenden Steine* ins unserm Beispiel erscheinen lediglich in einer undeutlichen Weise „fremd“, feindselig oder doch mindestens geheimnisvoll, so wie der Wald in Claudius' Zeile: *„Der Wald steht schwarz und schweiget“*.

Um die Wirkung noch deutlicher zu zeigen, wählen wir als Beispiel eine indirekte Objektmetapher. Wir vergleichen die Wendungen:

ein frisch geschnittener Rasen
ein frisch geschorener Rasen.

Der Eindruck, den wir aus diesen Wörtern vom Rasen empfangen, ist verschieden, und zwar gibt uns das zweite Beispiel das Bild von dichterem und feinerem Gras. Der Unterschied kann natürlich nur in den Verben, die das einzige Verschiedene sind, liegen. Während *schneiden* als Objekt alle in Realität schneidbaren Gegenstände haben kann, ist *scheren* nur dann erlaubt, wenn es sich beim Objekt um Haare, meistens das Fell eines Tieres, handelt.[12] Beim Anhören des Wortes *scheren* erwarten wir, daß alle Bedingungen dieses Wortes erfüllt seien, d.h. daß nicht nur der dazugehörige Akt: „abschneiden“, sondern auch das richtige Objekt: „Fell“, vorliegt. Der Eindruck vom Bezeichneten setzt sich für uns Hörer dann zusammen aus dem, was das Substantiv über sein Bezeichnetes aussagt: *Rasen*, und dem, was das Verb, kraft seiner „Objekthaltigkeit“, über denselben Gegenstand aussagt: *Fell*, woraus sich als unbewußte oder halbbewußte Resultante ergibt: *Rasen, so dicht und weich wie ein Fell.*

Wollten wir die beiden Beispielsätze einander ungefähr äquivalent machen, so müßte es etwa heißen:

ein frisch geschorener Rasen
ein frisch geschnittener, dichter und weicher Rasen.

[12] Syntaktisch kann auch das ganze Tier (Pudel, Schaf) als Objekt stehen.

Woraus erklärt es sich, daß die erste Fassung, wie jedermann auffallen wird, viel gegenständlicher, origineller und, wenn wir wollen, dichterischer ist? Zunächst daraus, daß uns die klassifizierende Funktion des Verbs in Bezug auf das Objekt nicht bewußt ist, die Ursache des Eindrucks für uns also mehr im Dunkeln liegt. Dazu kommt, daß Substantiv und Verb den Gegenstand zwei verschiedenen unvereinbaren Klassen (Gras – Fell) zuordnen; es entsteht so eine fruchtbare Spannung, welche zu lösen dem Leser oder Hörer selbst überlassen ist, was seine Einbildungskraft, ohne daß er es merkt, mehr anregt als feste Zuteilung. Beim Gebrauch einer direkten Metapher ergibt sich keine solche Spannung, weil wir das metaphorische Wort zum vorneherein als einer andern Ebene angehörig erkennen. Hier aber ist ja der Gebrauch, soweit es sich um den Akt selbst handelt, gar nicht metaphorisch, sondern ganz real: das Verb steht somit nach unserer Empfindung durchaus auf derselben Ebene wie das Substantiv, wodurch die beiden divergenten Klassifikationen sich gleichwertig und umso eher Spannung schaffend gegenüberstehen.

Sprachtheoretiker wie Cassirer und auch Dichter[13] haben an unsern Sprachen mannigfach als notwendiges Übel beklagt, daß sie uns nötigen, die Vielgestaltigkeit der Welt in ein durch die Zahl der Wörter bedingtes System von starren Klassen einzuteilen und einzusperren. Jede Benennung, jeder Gebrauch eines Wortes klassiert ein Objekt, bringt es mit andern, bloß gleichartigen, aber nicht gleichen, Objekten zusammen und nötigt uns, seine Einzelzüge, seine Singularität überhaupt mehr oder weniger zu vergessen. Auch wenn wir ihm, etwa mit Hilfe von Adjektiven, einzelne individuelle Züge zugestehen, so sind diese durch den Inhalt der gebrauchten Adjektive bereits wieder vorgenormt. Wir zwängen also die Dinge der Welt in „Konfektionsanzüge", in vorfabrizierte Behältnisse. Die sprachliche Aussage verfälscht uns die Welt in dem Sinne, daß sie außer ihren vorgeformten Klassen keine andern kennt und Zwischenbereiche leugnet. Diese Klassen sind zudem vielgebraucht, wo nicht abgebraucht (das letztere gilt etwa für konventionelle Metaphern).

Die indirekte Metapher gewährt hier, und das ist ihre einzigartige Funktion, eine große Erleichterung. Sie gesteht, indem sie ihren Gegenstand zwei unvereinbaren Klassen zuteilt und ihn solchermaßen in der Schwebe zwischen den Klassen läßt, dem Uneinteilbaren in der Welt sein Recht zu. Sie fügt den alten, festen Klassen der Anschauung neue ad hoc zu bildende bei, welche offen und schwebend, nur andeutend, aber nicht verbindlich festlegend, und infolge ihres immanenten Widerspruchs anders als alle andern (eindeutigen) sprachlichen Klassen geartet sind. Dazu kommt die Wirkung ihrer Kürze: sie besteht stets nur aus zwei Wörtern.

[13] Rilke (Ich fürchte mich so vor der Menschen Wort,
Sie sprechen alles so deutlich aus.);
Hofmannsthal (Brief des Lord Chandos); in neuester Zeit vor allem Peter Handke.

Es gibt vor allem zwei Gebiete, wo die indirekte Metapher oft und fruchtbar gebraucht wird: das eine ist die „dichterische" Darstellung im Sinne einer unkonventionellen, genaueren und überzeugenderen Wirklichkeitsschau; das andere der Humor, dessen Wesen es ist, auf Unversöhnliches oder Unvereinbares resigniert aber optimistisch zu blicken. Oft ist dabei unaufdringlich Prinzipelles gesagt, wie etwa bei Oscar Wilde (Lady Windermere's Fan, 1. Akt): *„Yes, dear, these wicked women get our husbands away from us, but they always come back, slightly* d a m a g e d, *of course". Damage* klassifiziert sein Objekt als nichtlebende Gegenstände, angewendet auf Männer heißt es etwa: „arme, in den Händen der Frauen passive Objekte, diese Männer!" Wobei dies viel diskreter als durch eine direkte „Definition" angedeutet wird.

„Dichterische" indirekte Metapher ist: *„Der Wald steht schwarz und* s c h w e i g e t*".* Der Wald ist hier verlebendigt, ohne daß dies direkt ausgesagt ist. Keller spricht (in: Romeo und Julia auf dem Dorfe) von den *„fahrenden weißen Wolken". Fahren* suggeriert als Subjekt ein Fahrzeug irgend welcher Art. Wolken gibt dazu den sinnlichen Aspekt: große weiße Flächen, beides vereinigt sich zu einem vielleicht nur halb im Bewußtsein auftauchenden Bild von Segelschiffen, ohne daß das die Sache genau umgrenzende und damit nüchterne Wort ausgesprochen zu werden braucht. Die Vermittlung der Anschauung geschieht nicht durch die Worte, sondern zwischen ihnen.

Wenn es bei Eichendorff heißt: *„Laue Luft kommt blau geflossen"*, so vermittelt *fließen* den Eindruck, daß die Luft uns wie eine laue Flut „umspült", wir spüren den Kontakt unseres Körpers mit ihr. Die „Kraft" des Sturm-und-Drang-Stils beruht zu einem Teil ebenfalls auf der Wahl der indirekten Metapher: Verben, die ihr Subjekt oder Objekt als schwer oder mächtig hinstellen, sind beliebt: Faust (Trüber Tag, Feld): *„Steh nur, steh!* w ä l z e *die teuflischen Augen ingrimmend im Kopf herum!"* Tränen *„strömen"* im Sturm und Drang oder *„entstürzen den Augen"*. Auf die Schwierigkeit des Übersetzens sei beiläufig hingewiesen, da z.B. das Englische weder zwischen *rollen* und *wälzen,* noch zwischen *fallen* und *stürzen* unterscheiden kann. In Hofmannsthals „Turm" sagt der Usurpator vom Prinzen: *„Den richt ich mir ab, der soll mir apportieren"*. Die beiden Verben *„abrichten"* und *„apportieren"* machen es klar, ohne daß das Wort ausgesprochen würde, daß der Prinz für einen Hund angesehen wird.[14]

Ein weites Feld ist die k o m i s c h e indirekte Metapher. Näher ausgeführt sei hier eine Stelle aus Hemingway (The Sun Also Rises). *To translate,*

[14] Eine Form, die der indirekten Metapher an Wirkung gleichkommt, ist die Trennung von Wortpaaren, denen man wegen ihrer semantischen Kongruenz nur selten ungetrennt begegnet, z.B. *„der Wind weht"* entweder als: *der Wind geht über die Felder"*, oder: *„Die Luft weht"*, *„es weht kühl"*. In allen Fällen wirkt der unkonventionelle Ausdruck gegenständlicher und „dichterischer".

wenn man von der abstrakten Bedeutung: „übersetzen", absieht, heißt, „in eine andere Diözese versetzen, in den Himmel entrücken", wobei das Objekt geistlich oder heilig sein muß. In unserm Text ist es zunächst die Statue eines Heiligen: „*That afternoon was the big religious procession. San Fermin was translated from one church to another*" (Mod. Library, S. 158). Am Abend nach dieser Prozession beschließt eine bereits leicht angetrunkene Gesellschaft, ihre Begleiterin nach Hause zu bringen (S. 164): „*Come on", Bill said, „Let's translate Brett to the hotel*". Der Akt „eskortieren" d. h. die Bedingung in Bezug auf die Bewegung ist zwar erfüllt, das Postulat aber, daß das Objekt, Lady Ashley, eine Heilige sei, wirkt für den Kenner des Textes sehr erheiternd. Auch diese indirekte Metapher ist unübersetzbar. Einige indirekte Subjektmetaphern mit komischer Wirkung sind z. B. *kentern* oder *to capsize*, etwa auf ein Fahrrad angewendet (H. G. Wells: The Wheels of Chance). Die Bewegung „schlagartig das Oberste zu unterst kehren" stimmt, aber als Subjekt zu *kentern* und *to capsize* ist normalerweise ein Boot oder sonstiges Wasserfahrzeug anzusehen, was allerlei seemännische Assoziationen weckt. Ferner wirken Abstrakta wie *geruhen, to deign,* normalerweise auf Subjekte von hoher Autorität anwendbar, komisch, wenn bezogen auf Köchinnen, kleine Kinder, z. B. *Fränzchen geruhte schließlich* ...

Beispiele für komische Objektmetaphern: Etwas, dessen man sich „*bemächtigt*", muß objektiv bedeutend sein. Nun: „*er bemächtigte sich ihres kleinen Fingers, Busenbandes*" usw. (lustige Spannung zwischen subjektiver und objektiver Wichtigkeit). Ferner: *füttern* oder *atzen* mit kleinen Kindern als Objekt (Klassifikation als kleine Tiere oder junge Vögel); den Geldbeutel *zücken* (er ist heute so mächtig wie früher das Schwert).

Es ist bei einem gegebenen Falle nicht immer leicht, zu entscheiden, ob es sich schon um indirekte Metapher oder noch um Normalgebrauch handle. Diese Entscheidung hängt von der Definition des Verbinhalts ab. Ich kann z. B. feststellen: in dem Satz „*Man muß achtgeben, das zarte Holz nicht zu verletzen*" liegt indirekte Metapher vor, weil *verletzen* normalerweise nur mit lebendem Objekt gebraucht wird. Die Definition von *verletzen* aber gewinne ich nur aus den Texten, in denen dieses Wort vorkommt. Und wer verbietet mir, die Wendung: *Holz verletzen,* unter die Beispiele aufzunehmen, aus denen ich den Inhalt von *verletzen* ableite? Tue ich das aber, so werde ich *verletzen* als „nicht beschränkt auf belebtes Objekt" definieren.

Auf diese Weise hebt jede indirekte Metapher sich selber auf, wenn wir sie als Material zur empirischen Festlegung des Wortinhalts beiziehen. Das aber dürfen wir unter keinen Umständen. Wir müssen uns an die Regel erinnern, daß wir bei der Auslese des Materials auf die Ton- oder Stimmungslage zu achten haben, in der ein Wort ausgesprochen wird. Nur so können wir uns ein Bild machen vom Normalgebrauch eines Wortes.

Diese Regel wird von jedem Lexikographen als selbstverständlich gehandhabt; denn wo käme man hin, wollte man z. B. den normalen und den ironischen Gebrauch des Wortes *schön* in einer Definition vereinigen. So wie den ironischen müssen wir den indirekt-metaphorischen Gebrauch eines Wortes aus der Definition des Normalgebrauchs ausscheiden, und es gibt dazu nichts anderes, als die verschiedenen Tonlagen mit Hilfe unseres Sprachgefühls zu scheiden und uns erst noch auf gute Wörterbücher zu stützen. Wir können nur feststellen, daß als indirekte Metapher gelten kann, was heute noch als eigenartig, komisch oder „poetisch" empfunden wird. Deshalb müssen wir uns außerhalb unserer Muttersprache durch Rückfragen „sichern". Festzuhalten ist auch, daß es bei den indirekten Metaphern im Gegensatz zu den direkten keine sogenannten abgeblaßten Metaphern geben kann. Sobald eine indirekte Metapher, etwa *„Holz verletzen"*, sehr gebräuchlich geworden ist, heißt das: *verletzen* kann als Objekt Lebendes und gewisse Gegenstände haben. Es hat sich dann also einfach der Normalgebrauch des Verbs ausgeweitet. Bestes Kriterium bleibt die Wirkung auf unser Sprachgefühl. Fälle wie *„das Dienstmädchen geruhte"* sind zwar schon fast konventionell, werden aber immer noch als komisch angesehen, sind also noch indirekte Metaphern und nicht Normalgebrauch.

5. *Expressive und rationale Verben*

Die Bedingungen in Subjekt oder Objekt, die den Gebrauch eines Verbs gestatten, können nicht nur sehr verschiedenartig sein, sondern auch graduell verschieden. Ein Verb wie *bewegen* ist von keinerlei Bedingungen in Bezug auf das Objekt abhängig, ein Verb wie *gießen* setzt flüssigen Aggregatszustand, also bestimmte Substanz, im Objekt voraus; zu einem Verb wie *pflücken* schließlich gibt es nur noch eine kleine Auswahl von objektfähigen Gegenständen: Blumen oder Obst, d.h. hier ist nicht mehr nur eine bestimmte Form oder eine bestimmte Substanz Bedingung, sondern beides zugleich.

Wir dürfen also nicht nur unterscheiden: Verben mit und Verben ohne Objektbedingung, sondern wir müssen auch im ersten Fall noch verschiedene Grade anerkennen. Im folgenden wollen wir ein Begriffspaar[15] einführen, das diesem graduellen Unterschied gerecht wird; ein Verb sei in dem Maße rational, wie es von Subjekt und Objekt unabhängig ist (Beispiel: *kommen, to move);* ein Verb sei expressiv in dem Maße, wie sein Gebrauch von Subjekts-oder Objektsbedingungen abhängt (Beispiel: *streuen, pflücken, to shrug).* Was bedeutet die Vorherrschaft expressiver, was diejenige rationaler Verben für eine Sprache?

[15] In freier Anlehnung an Begriffe, die Bally (Linguistique générale et linguistique française) für einen ähnlichen Unterschied in Morphologie und Syntax verwendet.

Wir gehen aus von der bereits erwähnten Tatsache, daß Ding und Bewegung sich nicht trennen lassen, daß uns das bewegte Ding und nicht das Ding und die Bewegung erscheint. Wo immer sich etwas bewegt, erleben wir nicht ein Subjekt und ein Prädikat, sondern eine Subjekt-Prädikat-Einheit (vgl. oben S. 23). Nun ist es bekanntlich unmöglich, für jede Subjekt-Prädikat-Einheit ein Wort zu haben, deshalb teilen alle bekannten Sprachen die Gesamterscheinung auf in Ding und Bewegung und geben jedem einen Namen für sich. Eine streng rational aufgebaute Sprache müßte dabei ohne Zweifel dem Prinzip folgen, daß sie den Gebrauch der Dingnamen, d.h. der Substantive, nur von statischen Eigenschaften des Dinges, etwa von Form und Material, abhängig machte, denjenigen der Verben dagegen nur von der Art der reinen Bewegung (Richtung, Geschwindigkeit) ohne Rücksicht auf die statische Beschaffenheit der bewegten Dinge. Eine solche Sprache enthielte im Extremfall nur einige wenige Verben, die lediglich von Richtung (Bahn) und Geschwindigkeit der Bewegungen abhingen. Sie besäße aber kein Verb wie *fließen*, welches neben der Bewegungsbedingung (im ganzen geradlinig, mittlere Geschwindigkeit) auch noch eine statische Subjektbedingung (Subjekt = flüssig) enthält. Den Idealtypus einer solchen rationalen Sprache verkörpert heute das Basic English; seine Verben sind mit Ausnahme von zweien *(say, see)* statisch unbedingt: *come, get, give, go, keep, let, make, put, seem, take, be, do, have, send, may, will.* Unter den natürlichen Sprachen ist das Französische offensichtlich rationaler als das Deutsche oder das Englische, indem es in einer Menge von Fällen des alltäglichen Sprachgebrauches an Stelle des stark subjekt- oder objektbedingten deutschen oder englischen Verbs ein fast oder ausschließlich bewegungsbedingtes treten läßt: *slam* (Tür) – *fermer (brusquement); shrug* (Achseln) – *hausser; nicken, nod* (Kopf) – *incliner; wedeln* (Schwanz) – *agiter; setzen, stellen, legen – mettre; doff, don* (Kleidungsstücke) – *ôter, mettre; zücken* (Schwert) – *tirer; fahren, reiten, drive, ride – aller à* usw. Neben den durch Bally (Linguistique générale et linguistique française) dargelegten Eigenschaften der französischen Wortbildung, Flexion und Syntax sind es vor allem diese semantischen Tatsachen, die dem heutigen Französisch den Ruf der klaren aber etwas rationalistischen Sprache eingetragen haben.[16]

Zweifellos ist die Bevorzugung der rationalen wie diejenige der expressiven Verben für eine Sprache mit Vor- und Nachteilen verbunden. Eine Sprache mit vorzugsweise rationalen Verben ist logischer, klarer durch ihre konsequente Funktionstrennung zwischen Substantiv und Verb; sie ist

[16] Es ist charakteristisch für das Französische, daß es das Wort *Gischt*, zu dessen Bedingungen die Bewegung gehört, nicht kennt, und daß das Wort für *Dieb, voleur,* sich sofort formal als nomen agentis präsentiert. D.h. so wie das französische Verb ausschließlicher dynamisch bedingt ist, ist das Substantiv ausschließlicher statisch.

ökonomischer, kommt mit weniger Verben aus (Extremfall: Basic English) und erleichtert die Erlernung und Ausübung der Sprechakte.

Auf der andern Seite gibt das expressive Verb die Einheit der Subjekt und Prädikat (und Objekt) umfassenden Erscheinung adäquater wieder als das rationale und ist damit, wenn man so will, sinnennäher und plastischer, dichterischer. Es eröffnet die Möglichkeiten der indirekten Metapher (die das Französische oft vermissen läßt) und anderer origineller Gebrauchsvarianten *(es weht kühl,* statt: *der Wind weht kühl).* Es macht die Sprache modulationsfähiger als das rationale Verb.

Innerhalb unserer modernen Sprachen ist sowohl die Tendenz zum rationalen wie diejenige zum expressiven Verb fortwährend am Werk. Das Streben nach Logik und Ökonomie wird sich für das rationale Verb einsetzen, dasjenige nach Ausdruck, Plastizität, Sinnennähe, Überwindung der starren Klassifikationen (durch indirekte Metapher) wird das expressive Verb begünstigen. Der Logiker und die Wissenschaft werden auf der rationalen, der Dichter, das Kind, das „Volk“[17] auf der expressiven Seite stehen. Das Verhältnis der beiden Kategorien zueinander wird so auch von Person zu Person stark verschieden und damit ein individuelles Stilmerkmal sein.

Geben wir jetzt noch zwei Beispiele aus sogenannten primitiven Sprachen: Palmer (Introduction to Modern Linguistics, S. 117, Anm. 1) sagt: „We hear that certain primitive languages have different verbs for *to wash the hands, to wash the face, to wash the body* etc., but no verb with the general meaning“. Und Révész (Ursprung und Vorgeschichte der Sprache, S. 139): „In der Sprache der Huronen gibt es ein Verbum für *Sehen eines Menschen* und ein anderes für *Sehen eines Steines“.* Cassirers „Philosophie der symbolischen Formen“ gibt eine reiche Fülle ähnlicher Beispiele.

Wir glauben, daß aus dem oben Gesagten klar geworden ist, daß diese Beispiele aus sogenannten primitiven Sprachen von denjenigen aus unseren modernen Sprachen grundsätzlich nicht verschieden sind. In unserer eigenen Sprache empfinden wir natürlich „Archaismen“ nicht als solche; wir können aber sehr wohl vom Französischen aus blickend sagen: das Deutsche hat verschiedene Verben für *„incliner la tête“ (nicken)* und *„s'incliner“ (verneigen),* ferner ein Verb für *„incliner lentement“ (neigen),* aber kein Verb für *„incliner“* im allgemeinen. Wir besitzen also in unserer eigenen Sprache eine Erscheinung, die uns in andern archaisch und primitiv vorkommt.

[17] Eine Hauptquelle des Slang ist die indirekte Metapher.

IV. Komplexe Wortinhalte

A. Definition

Wir nennen einen Wortinhalt einfach, wenn sich die Bedingungen, unter denen der zugehörige Lautkörper gesprochen werden kann, ausschließlich im Bezeichneten selbst befinden; wir nennen ihn komplex, wenn zum Gebrauch des Wortkörpers auch Bedingungen außerhalb des Bezeichneten erfüllt sein müssen.

Diesen grundsätzlichen Unterschied möchten wir zunächst an zwei Wörtern illustrieren, und zitieren für das erste Jespersen (Ph. Gr. S. 63): „Real life everywhere offers us only concretissima: you see this definite apple, definitely red in one part and yellowish in that other part, of this definite size and shape and weight and degree of ripeness, with these definite spots and ruggedness, in one definite light and place at this definite moment of this particular day, etc. As language is totally unable to express all this in corresponding concreteness, we are obliged for the purpose of communication to ignore many of these individual and concrete characteristics: the word „apple" is not only applied to the same apple under other circumstances, at another time and in another light, but to a great many other objects as well, which it is convenient to comprise under the same name."

Übertragen wir, was Jespersen hier über ein Wort wie *Apfel* aussagt, in unsere Begriffe, so heißt es: Daß wir einen Gegenstand mit dem Wort *Apfel* bezeichnen dürfen oder nicht, hängt davon ab, ob er gewisse Durchschnittsbedingungen hinsichtlich Form (Aussehen) und Material erfüllt; kleinere Abweichungen sind irrelevant; ebenso, was uns jetzt besonders beschäftigt, ist es gleichgültig, an welchem Ort, zu welcher Zeit und unter welchen sonstigen Umständen die Bezeichnung vorgenommen wird. Das heißt, es sind nur Bedingungen innerhalb des Bezeichneten relevant. (Wir können darum auch von jedem Gegenstand auf den ersten Blick aussagen, ob er ein Apfel sei oder nicht.) Der Wortinhalt von *Apfel* ist somit nach unserer Definition einfach. Halten wir nun daneben das Wort *Braut.* Der Gebrauch dieses Wortes, also: auf jemand zeigen und sagen: *„Das ist eine* (oder: *die) Braut"*, ist wie der eines jeden Wortes von Bedingungen abhängig. Diese liegen zunächst – wie bei *Apfel* – im Bezeichneten selbst: Es muß eine weibliche Person sein. Damit aber erschöpfen sich die Bedingungen nicht. Nicht jedes weibliche Wesen darf *Braut* genannt werden. Auch die Merkmale der Kleidung, an denen wir Bräute zu erkennen pflegen, sind genauer besehen irrelevant: wir wissen, es gibt Bräute im grauen Schneiderkleid, und anderseits würde ein Kind, das auf den Gedanken verfiele, alle weißgekleideten Mädchen *Braut* zu nennen, von den

Erwachsenen mit Recht korrigiert. An immanenten, wahrnehmbaren Merkmalen erkennen wir nicht, ob jemand Braut genannt werden darf; darum muß auch Walter von Stolzing in den „Meistersingern" fragen:

Ja, oder: nein! – ein flücht'ger Laut:
mein Fräulein sagt, seid Ihr schon Braut?

Die weiteren Bedingungen nun, von welchen der Gebrauch des Wortes *Braut* abhängig ist, bestehen zweifellos erstens in der Existenz eines Bräutigams, d.h. in einem Mann, und weiter in einer bestimmten, von der Gesellschaft anerkannten wechselseitigen Beziehung zwischen ihm und dem als *Braut* zu bezeichnenden Wesen.[1]

Das sind Bedingungen, die zwar nicht ohne Einfluß auf die bezeichnete Person sind, die aber zweifellos außerhalb des Bezeichneten liegen. Ein noch drastischeres Beispiel ist das Wort *Onkel:* man kann „Onkel" werden, ohne es überhaupt selbst zu merken, womit zur Genüge bewiesen ist, daß ein Teil der Bedingungen für dieses Wort außerhalb des Bezeichneten liegt und von ihm völlig unabhängig ist. Die Wörter *Braut* und *Onkel,* zu deren Gebrauch nicht nur Bedingungen innerhalb, sondern auch solche außerhalb des Bezeichneten erfüllt sein müssen, gehören mithin einer andern semantischen Klasse an als *Apfel, Mensch, Neger,* ihre Wortinhalte sind nach unserer Definition komplex.

Die einfachen Wortinhalte werden wir im folgenden Kapitel nicht mehr behandeln; denn was in den vorhergehenden Abschnitten als Beispiel gegeben wurde, sind zum größten Teil einfache Wortinhalte.[2] Dagegen fällt uns jetzt zu, die komplexen Wortinhalte nach der besonderen Art ihrer außerhalb des Bezeichneten liegenden Bedingungen zu gruppieren.

B. Räumliche Bedingungen

1. Die Beschaffenheit der Umgebung

a) Substantive

Die Bedingungen, welche den Gebrauch des Wortes *Gasse* regeln, befinden sich nicht nur im Bezeichneten selbst: es muß nicht nur ein gepflasterter oder sonstwie fahrbar gemachter Weg sein, sondern dieser muß sich dazu zwischen zusammengebauten Häusern[3] befinden. Damit scheidet sich *Gasse* von *Straße* und in ähnlicher Weise engl. *street* (C.O.D.: town or vil-

[1] Im englischen Wort „*bride*" kommt als weitere Bedingung dazu, daß es nur am Hochzeitstag und kurz vor- und nachher gebraucht werden darf.

[2] Ausnahmen: Partitiva, Gruppe 3 (S. 38), Privativa, Gruppen 2–8 (S. 40f.), Beziehungsadjektiva (S. 42), Beziehungsverben (S. 57).

[3] Oder zwischen Erdwällen wie bei der Hohlen Gasse.

lage road that has houses on one side or both) von *road*. Es gehören schließlich hieher die Partitiva der Gruppe 3 *(Wipfel, Gipfel, Rand, top, bottom)* wo sich der bezeichnete Teil an einer bestimmten Stelle des Individuums befinden muß, was zweifellos nicht eine innewohnende Eigenschaft dieses Teils, sondern eine räumliche Beziehung zwischen ihm und den andern Teilen des Individuums ist. Auch diejenigen Privativa, bei denen Bedingungen hinsichtlich Form oder Substanz der Umgebung erfüllt sein müssen (Gruppen 2–8), können hierhergerechnet werden.

b) Verben

Aggregatzustände der Umgebung

Die Verben *schwimmen* und engl. *to swim,* ob sie nun von Akten ganz bestimmter Form abhängig sind oder nicht, sind in ihrem Gebrauch abhängig davon, daß das Subjekt unten, an den Seiten, eventuell auch oben, von Flüssigkeit umgeben ist. Wenn ich die Bewegungen der Arme und Beine, die im Wasser mit *schwimmen* oder *swim* bezeichnet werden dürfen, in genau gleicher Art auf dem Trockenen ausführe, so dürfen sie höchstens „*Schwimmbewegungen*" genannt werden, aber ich darf nicht sagen, daß ich dann *schwimme.*

Waten ist bei Sanders-Wülfing definiert als „in oder durch etwas, worein die Füße einsinken, gehend sich bewegen". D.h. der Akt des Gehens darf dann und nur dann als *waten* bezeichnet werden, wenn der Grund, auf dem das Subjekt geht, bis zu einer gewissen Höhe (Hüfthöhe?) mit Wasser, Schlamm, Laub usw. bedeckt ist. Ist das nicht der Fall, so kann man höchstens, wenn das Subjekt die Beine höher als sonst hebt, von einem „*watenden Gang*" sprechen, aber nicht von waten. So sagt man, ein Symptom der Beriberi sei ein eigentümlich watender Gang, aber man würde nie sagen, die von der Krankheit Befallenen begännen zu waten. Engl. *to wade* wird gleich wie *waten* gebraucht. Bezeichnenderweise fehlt im Französischen eine Entsprechung.

Auch das Verb *tauchen* ist umgebungsbedingt; ich kann normalerweise nur sagen: „*Er taucht*", wenn eine Flüssigkeit vorhanden ist, in die hinein die Bewegung geht.

Weitere Beschaffenheit der Umgebung

Fragen wir uns, was das Charakteristische eines Wortes wie engl. *to enter* ist. Ein Akt, der mit *enter* bezeichnet werden kann, ist ein Sichbewegen; aber zum Gebrauch des Wortes *enter* gehört eine Umgebung von bestimmter Form. Von allen konkreten Akten z.B., die ich in der Mitte eines Eisfeldes ausführen kann, kann keiner mit dem Wort *to enter* bezeichnet werden. *To enter* bedarf bestimmter Umgebungsrequisiten, nämlich einer Pforte, eines Gartens usw., allgemein irgend eines räumlichen Bezirks, der nach außen hin relativ abgegrenzt ist.[4]

Wir haben oben (S. 67) gesehen, daß im Deutschen die Ausdrücke für das Kochen sich dadurch gegeneinander abgrenzen, daß sie in der Hauptsache von der Substanz der zu kochenden Speise abhängig sind (*backen* für Teigiges, *schmoren* für Fettig-Wässeriges, *kochen* für Wässeriges usw.); demgegenüber spielt bei den englischen Verben dieses Feldes[5] die Umgebung (teleologisch gesprochen: das Mittel) offenbar eine größere Rolle bei der Aufteilung als das Objekt selbst. *To roast* darf gesagt werden, wenn sich die Speise am Spieß,[6] *to bake,* wenn sie sich im Bratofen, *to grill, to broil,* wenn sie sich auf einem Rost, über oder unter dem offenen Feuer, *to fry,* wenn sie sich in einer offenen Pfanne, *to stew,* wenn sie sich in einem geschlossenen Topf befindet. Dadurch erklärt es sich, daß man sehr gut von einem *baked apple* sprechen kann (wenn er im Bratofen zubereitet wurde), nicht aber im Deutschen von einem *gebackenen Apfel* (er wäre denn in Teig eingehüllt); dadurch erklären sich überhaupt viele Schwierigkeiten bei Übersetzungen, genauer gesagt: die Unmöglichkeit, die deutschen Wörter ohne Kontext ins Englische zu übertragen – woraus dann so oft die irrtümliche Meinung abgeleitet wird, die Wörter hätten an sich überhaupt „keine Bedeutung“,[7] „keinen Sinn“, sie bekämen das alles erst im gegebenen Kontext. Das Gegenteil ist richtig: diese Wörter sind schwierig zu übersetzen, weil sie an sich „zu viel Bedeutung“ haben, in unserer Terminologie, weil ihr Inhalt an zu viele – von Sprache zu Sprache verschiedene – Dinge fixiert ist.

Zur nächsten Umgebung eines Akts läßt sich auch das Instrument rechnen, dessen sich das Subjekt bedient. Ein bestimmtes Instrument ist Bedingung nicht nur für die unmittelbar von entsprechenden Substantiven abgeleiteten Verben *hämmern, nageln, sieben,* sondern auch für formal selbständige wie *schießen, stechen, nähen, schneiden, plätten.*

Bei einigen Verben ist die Form der Umgebung nicht an sich entscheidend, sondern lediglich in ihrem Verhältnis zur Form des Objekts. Z.B. setzt der Gebrauch des Verbs *stecken* bestimmte Form- und Größenverhältnisse voraus zwischen dem zu steckenden Objekt einerseits und der Umgebung, nämlich der Öffnung, in die es gesteckt wird. Die Querschnitte beider müssen ungefähr gleich sein; wo die Öffnung kleiner ist, muß

[4] Die Konstruktion von *to enter* stellt zwar die Umgebung (Haus, Land usw.) als direktes Objekt hin. Wir haben uns aber oben (S. 63) in unserer Definition insofern beschränkt als wir nur das Mitbewegte (bzw. das Mitveränderte) Objekt genannt haben.

[5] Mit Ausnahme von *to boil* = sieden.

[6] Heute häufiger im Bratofen. Die meisten dieser Verben sind natürlich auch materialbedingt, aber nicht primär, wie die entsprechenden deutschen. Vgl. Webster.

[7] Natürlich kann diese Meinung auch ganz berechtigt sein, dann nämlich, wenn man unter „Bedeutung“ die „okkasionelle Bedeutung“, den Mitteilungsgehalt versteht.

Objekt oder Umgebung elastisch nachgeben. Auf keinen Fall darf das Objekt wesentlich kleiner sein als die Öffnung, sondern Objekt und Umgebung müssen sich auf wenigstens zwei Seiten berühren, wie z. B. ein Stecker in der Steckdose, Zwiebeln in der Erde, ein Etui in der Tasche.

Stopfen, to stick, to stuff, to plug, gehören ebenfalls in diese Kategorie.

2. *Gerichtete Größen (Vektoren)*

a) Verben

Bei den meisten Verben spielt es keine Rolle, in welcher Richtung die Bewegung vor sich geht. Z. B. können: *marschieren, laufen, to walk, to run, fahren, reisen, travel* etc. verwendet werden, welche Richtung auch immer die Bewegung hat. Zum Unterschied gegenüber diesen (die Regel bildenden) Verben mit irrelevanter Bewegungsrichtung ist der Gebrauch einiger Verben nur dann möglich, wenn die Bewegung eine bestimmte Richtung verfolgt. Wir nennen sie nach dem Ausdruck der Physik für gerichtete Größen: vektorielle Verben (kurz: Vektoren). Unter Vektor versteht die Physik eine gerichtete Größe, z. B. Geschwindigkeit, im Gegensatz zum Skalar, der ungerichteten Größe, z. B. Masse (Gewicht) oder Temperatur. Weiterhin läßt sich nun fragen, auf welchen Punkt oder auf welches Koordinatensystem diese Richtung bezogen sein muß. Die Antwort darauf führt uns zur weiteren Unterscheidung zwischen festen Vektoren und verschiebbaren Vektoren.

Bewegung bestimmter Richtung in Bezug auf einen festen Punkt muß vorliegen bei den Verben: *steigen, sinken, to rise, to sink, to mount, to ascend, fallen, to fall.*[8] Alle diese sind bezogen auf das feste Zentrum des Erdmittelpunktes, sie können also feste Vektoren genannt werden.

Im Gegensatz zu dieser ersten Gruppe zeichnen sich die Verben der zweiten dadurch aus, daß sie durch eine Bewegung bedingt sind, welche eine bestimmte Richtung in Bezug auf ein verschiebbares Zentrum haben muß. In den meisten Fällen ist dieses Zentrum der Sprechende oder dann ein Punkt, auf den sich in der Rede das Interesse gerichtet hat. Solche verschiebbare Vektoren sind: *kommen, to come, gehen, to go, to leave, holen, to fetch, bringen, to bring.* Sie erscheinen meist in komplementären Paaren. Dasselbe gilt für gewisse Verben, die durch die Bewegungsrichtung des *Objekts* bedingt sind: *geben, nehmen (bekommen, erhalten, empfangen), to give, to take, to get, obtain, schenken, to present,* ferner: *to buy, to sell, kaufen, verkaufen, to borrow, to lend, borgen* und *leihen.*

Dem Verb *stoßen, to push* (Bewegung auf das Objekt zu) stehen in der

[8] Bei einigen dieser Verben muß die Bewegung nicht unbedingt vertikal sein. Bedingung ist nur, daß der Abstand vom Erdmittelpunkt zu- oder abnimmt.

umgekehrten Richtung nicht nur *ziehen* und *to pull*, sondern noch eine ganze Anzahl mannigfaltig bedingter Verba gegenüber: *zerren, reißen, schleppen, to drag, to tug, to haul.*

Bestimmte Bewegungsrichtungen in Bezug auf bestimmte Teile der Umgebung des Vorgangs liegen auch vor bei: *to enter,*[9] *to pass, to cross,* wobei das Deutsche außer *kreuzen* (das übrigens viel seltener und spezieller gebraucht wird als *to cross)* nur Zusammensetzungen: *betreten, hineingehen, vorbeigehen* braucht.

Im Englischen ist der Gebrauch der vektoriellen Verben etwas strenger geregelt als im Deutschen. *To borrow* heißt nur: etwas auf eine gewisse Zeit an sich nehmen, *to lend:* etwas zeitweise weggeben; die beiden Verben sind entgegengesetzt und unvertauschbar. *Borgen* und *leihen* dagegen werden heute für beide Richtungen gebraucht. Bei engl. *to bring* muß die Bewegung stets auf den Sprecher oder die Anfangs-Szene gerichtet sein; bei deutsch *bringen* kann sie sich, wenn ein bestimmtes Ziel genannt wird, auch vom Sprecher entfernen, z.B. „*er bringt ihn zum Bahnhof*". In diesem letzten Fall müßte *bringen* mit *to take* übersetzt werden. Auch bei *kommen* und *gehen (come, go)* setzt das Englische lieber den Sprecher als Zentrum, während das Deutsche sekundäre Zentren erlaubt: „*the handle's coming off!*" (Zentrum: Sprecher), deutsch: *der Henkel geht ab!*" (Zentrum: die Teekanne), ähnlich: *when I came away,* deutsch: *als ich (dort) wegging.*

Auch innerhalb des Deutschen kann das Zentrum regional wechseln: Die österreichische Mutter sagt zum Kind: „*Gib die Hand von der Nase weg!*" (Zentrum: wo die Hand jetzt ist), die schweizerische: „*Nimm die Hand von der Nase weg!*" (Zentrum: wo die Hand hingehört). Auch innerhalb einer gegebenen Sprache ist die Zentrumssetzung sehr kompliziert. So kann eine Person das Zentrum von einer andern übernehmen: „*So komm schon!*" „*Ich komme.*" *(„Won't you come?" „I'm coming").* Zentrum zu *kommen (to come)* ist normalerweise der Sprechende. So braucht der erste Sprecher das „*Komm!*" Der zweite aber setzt sich nicht selbst als Zentrum – sonst hieße es: „*Ich gehe*" – sondern er läßt den ersten als Zentrum gelten d. h. er übernimmt das Zentrum von ihm. Ein Zentrum kann auch antizipiert werden. Wenn ich, wie der Erlkönig, sage: „*Komm, geh mit mir!*", so setze ich bei „*komm*" mich selbst als Zentrum, bei „*geh*" mich und den Knaben, den ich jetzt bereits an meiner Seite sehe. Ähnlich, wenn ich frage: „*Kommst Du heut abend ins Konzert?*", setze ich mein künftiges Selbst als Zentrum.

b) Adjektiva: Skalare – Vektoren – Vektorkorrelate

Wir geben uns normalerweise nicht darüber Rechenschaft, daß die Adjek-

9 *To leave* ist keine Entsprechung von *to enter,* für „aus etwas herausgehen" muß auch das Englische umschreiben; *enter* ist also ohne Partner.

tive, welche Dimensionen bezeichnen, also: *groß, klein, lang, kurz, breit, schmal, weit, eng, hoch, niedrig, tief,* in ganz verschiedene semantische Kategorien gehören. Diese einfachen, konkreten Eigenschaftswörter erweisen sich aber bei näherer Betrachtung als außerordentlich „vielschichtig".

Wenn ich von einem Gegenstand sage: *„Der ist groß (breit, lang)"*, so darf ich das nicht kraft seiner absoluten Größe (Breite, Länge) tun, sondern der Gegenstand muß nur relativ groß (breit, lang) sein. Die Frage: auf welche Norm bezieht sich diese Relativität? ist weiter unten im Kapitel „Normen" (S. 101ff.) behandelt. Vorerst untersuchen wir den Skalar- oder Vektorcharakter dieser Adjektiva.

Wir haben unter einem Skalarverb ein Verb verstanden, das Bewegung in beliebiger Richtung, und unter einem Vektorverb ein Verb, das Bewegung in bestimmter Richtung zur Bedingung hat. In der gleichen Weise können wir ein Dimensionsadjektiv skalar nennen, wenn es Ausdehnung des Bezeichneten in einer beliebigen, vektoriell, wenn es Ausdehnung in einer bestimmten Richtung als Bedingung hat. Genau genommen ist nun keines dieser Dimensionsadjektiva in allen seinen Anwendungsmöglichkeiten völlig skalar. Am ehesten ist noch *groß* mit seinem Gegenstück *klein* als skalar zu bezeichnen. Damit ein Gegenstand *groß* genannt werden kann, ist es normalerweise nötig, daß er in allen drei Dimensionen eine relativ beträchtliche Ausdehnung aufweist. Da es sich also um mehrdimensionale (im allgemeinen um dreidimensionale) Ausdehnung handelt, besteht auch keine vorgeschriebene Dimensionsrichtung. Mit einer Ausnahme: *groß* ist, im Gegensatz zu seinem sonstigen Inhalt, eindimensional, wenn es vom Menschen gebraucht wird, und zwar bezieht es sich dann ausschließlich auf die Vertikaldimension. Englisch *big* dagegen hat beim Menschen entweder alle drei Dimensionen (entsprechend: *groß + dick)* oder die beiden Horizontaldimensionen (entsprechend: *dick)* zur Bedingung.

Die Dimensionen *hoch, niedrig* und *tief* dagegen sind gerichtet, d.h., wenn wir so wollen, an der Erdoberfläche orientiert.[10] Sie gehören mithin, wie *steigen, sinken,* zu den Vektoren mit festem Zentrum. Bei *hoch* (auch bei *tief*) ist nicht nur die Linie (radial vom Erdmittelpunkt ausgehend) vorgeschrieben, sondern auch die Richtung: von der Standfläche (Boden) aufwärts. Nicht so bei lat. *altus,* wo nur die Linie, aber nicht die Richtung gegeben ist, so daß es *hoch* und *tief* bedeuten kann. Ebenso kann *niedrig* aufwärts und (bei Wasser) abwärts gemessen werden.

Daß das Adjektivpaar *lang* und *kurz (long, short)* vektoriell ist, leuchtet ohne weiteres ein. *Lang* ist nur, was in einer bestimmten Richtung ziemlich ausgedehnt ist. Wie ist nun aber diese Richtung festgelegt? Ein Unter-

[10] Seltener (am häufigsten bei *tief*) erfolgt die Orientierung von einer nicht horizontalen Oberfläche eines Gegenstandes aus, immer aber geht man dabei von einer (gedachten) Ebene aus.

schied des Vektors *lang* gegenüber den meisten verbalen Vektoren fällt sofort auf: bei *kommen* z. B. ist das Vektorzentrum, auf das die Richtung des Vorganges bezogen sein muß, der Sprecher oder das momentane Zentrum des Interesses. Im Gegensatz dazu ist *lang* durchaus nicht „die Dimension, die vom Sprecher oder vom Interessenzentrum radial ausgeht". Bezeichne ich einen Eisenbahnwagen als *lang* (ebenso mit einem Brett, Balken, Tisch usw.), so muß eine bestimmte Dimension relativ ausgedehnt sein, und zwar bleibt diese Dimension fest, sie bleibt dieselbe, auch wenn ich um den Wagen herumgehe. (Das gilt von allen vektoriellen Adjektiva, wie wir sehen werden.) Die Richtung von *lang* ist also, im Gegensatz zur Richtung von *kommen*, am Ding, nicht am Sprecher „verankert".

Welche Dimension aber ist nun die Länge? In der Regel wird die ausgedehnteste Dimension eines Körpers als *Länge* bezeichnet (Rechteck, Tisch, Schnur, Stab, Straße usw.). Doch ist der Gebrauch von *lang* durch *hoch* in ziemlich komplizierter Weise eingeschränkt. Wenn die ausgedehnteste Dimension eines Dinges normalerweise (das heißt in der Stellung, die für dieses Ding normal ist, in der es z. B. seinen Zweck erfüllt) vertikal ist, heißt sie nicht *Länge,* sondern *Höhe:* ein Turm ist nicht *lang,* sondern *hoch.* Eine *Länge* verwandelt sich aber nicht automatisch in *Höhe,* wenn sie vertikal ist. Eine *lange* Stange, senkrecht gehalten, bleibt *lang,* weil diese Position für sie nicht die normale, einzig zweckmäßige ist. Fixierte Dinge, wie Säulen, Pfosten, Pfeiler, sind dagegen *hoch.* Ein Baum ist *hoch,* ebenso ein Stamm, solange er steht; liegt er am Boden, so ist er *lang* und wird erst nach Fixierung in der Vertikallage (Telephonstange, Mastbaum) wieder *hoch.* Man vergleiche auch: *lange* Grashalme, aber *hohes* Gras (als Ganzes).

Hoch verlangt ferner eine gewisse Selbständigkeit und Isoliertheit des Gegenstandes: eine Regenröhre, die von der Dachrinne bis zur Erde läuft, ist nicht *hoch,* sondern *lang.*

Bei praktisch eindimensionalen Dingen schließen sich also *hoch* und *lang* gegenseitig aus. Das gilt auch von praktisch zweidimensionalen Objekten. Ein Rechteck ist *lang* (ausgedehntere Dimension) und *breit.* Ist es aber z. B. eine Türe, ein Fenster oder ein Bild, d. h. bekommt es durch seine vertikale Normallage *„Höhe", so verschwindet die Länge,* d. h. sie wird bei Hochformat zur *Höhe,* bei Querformat zur *Breite.* Bei Zweidimensionalen ist das Paar: *hoch – breit* also häufig, *hoch – lang* dagegen unmöglich. *Lang* ist also, wie man sieht, von *hoch* abhängig, mithin nicht nur am Ding, sondern indirekt auch an der Erde orientiert.

Bei dreidimensionalen Objekten kann *lang* zusammen mit *hoch* auftreten, es ist dann auf die größte nicht vertikale Dimension anwendbar. Dabei wird es aber durch die Normal-Blickrichtung weiter eingeschränkt. Ein Eisenbahnwagen, ein Tisch d. h. ein Gegenstand, der leicht umgangen und von allen Seiten betrachtet werden kann, ist *hoch, lang* und *breit.* Verläuft dagegen die größte horizontale Ausdehnung eines Objektes nur quer zur

Blickrichtung, etwa bei einem Gegenstand, der normalerweise an der Wand steht (Schrank, Buffet, Büchergestell), so heißt sie *Breite,* und die dritte Dimension *Tiefe.* Statt der Blickrichtung kann, wo es die Form des Gegenstandes erlaubt, die Symmetrie-Ebene gesetzt werden; *Länge* wäre demnach bei dreidimensionalen Körpern: die größte, nichtvertikale Ausdehnung, besonders, wenn sie parallel zur Symmetrie-Ebene verläuft. Die drei Dimensionen heißen also entweder: *Höhe, Länge, Breite (Dicke)* oder aber: *Höhe, Breite, Tiefe (Dicke); Höhe, Länge, Tiefe* scheint selten zu sein.

Nicht immer ist die Länge einfach die ausgedehnteste Dimension. Ich kann sprechen von einem *(kurzen)* Brett, dessen *Länge* nur 10, dessen *Breite* aber 20 cm ist, oder von einem Drahtseilmuster, das 5 cm *dick* und 3 cm *lang* ist. Hier gibt uns offenbar die Struktur des Körpers den Anhaltspunkt (die Faser- oder Drahtrichtung). *Länge* heißt in diesem Fall: Richtung der Struktur. Statt von strukturgerichteter Länge könnte man auch von Spezieslänge sprechen (beides im Gegensatz zur aktuellen Länge, d.h. der tatsächlich längsten Dimension). Die Faserrichtung bei Brett oder Drahtkabel ist ja nicht lediglich die auffälligste Strukturrichtung, sondern gleichzeitig die Richtung, die beim normalen Kabel, Brett usw., d.h. beim normalen Vertreter der Spezies die längste zu sein pflegt. Ebenso ist es auch bei einem kurzen Zweiräderkarren, von dem wir annehmen, er sei breiter als lang: die Fahrtrichtung ist beim normalen Fahrzeug (Spezies) die Richtung der aktuellen Länge (= längsten Ausdehnung), sie bleibt deshalb die *Länge,* auch wenn sie ausnahmsweise kürzer ist.

Der Gebrauch der meisten andern Dimensionsadjektive ist durch *hoch* und *lang* gegeben.

Dick tritt an Stelle von *breit,* wenn ein *langer* oder *hoher* Körper einen quadratischen oder kreisförmigen Horizontalquerschnitt hat (Säulen, Latten); es bezeichnet ferner die drittausgedehnteste Dimension und kann so ebenfalls *breit* oder *tief* ersetzen; bei offenen hohlen Körpern ist es nicht ohne weiteres verwendbar *(Korb).*

Eng und *weit* sind nur für leere Räume (bezeichnet durch Privativa) verwendbar, stehen darum mit den andern in keinem Korrelationsverhältnis. Zu ihrem Vektorcharakter ist zu sagen, daß sie bisweilen eindimensional (quer zur Richtung dessen, das durch die Öffnung usw. gehen soll) sind. Z.B. *ein weites* bzw. *enges Tor (Tal, Gasse).* Sobald die Öffnung annähernd kreisrund ist, ist *Weite* der Durchmesser in jeder Richtung (Rohr, Loch), also zweidimensional. Außer der Vektorbestimmung: quer zur Bewegungsrichtung dessen, was „durch" muß, gibt es für *weit* noch eine andere, ebenfalls zweidimensionale: „in der Länge und Breite auf der Erdoberfläche ausgedehnt", z.B. *ein weites Feld, ein weiter Platz.* Das englische *wide* ist im Gegensatz zu deutsch *weit* auch für Körper, nicht nur für leere Räume verwendbar: *a wide plank* = ein breites Brett.

c) Substantive

Bei Wörtern wie *Nachbar, Antipode* etc. muß das Bezeichnete zunächst ein Mensch sein (Bedingung innerhalb des Bezeichneten) – bei *Nachbar* im Singular dazu ein Mann, im Gegensatz zum englischen *neighbour.* Hierzu kommt nun, daß sich die bezeichnete Person in einer bestimmten räumlichen Lage (bei *Nachbar* relativ nahe, bei *Antipode* auf der diametral entgegengesetzten Seite der Erdkugel) zu einer oder mehreren andern Personen befindet (z. B. zum Sprecher oder zu einem anderen Interesseszentrum im unmittelbaren Kontext).

Bei einigen Ausdrücken für räumliche Entfernung gehört die Blickrichtung des Betrachters zu den Bedingungen: das Wort *Abstand* (auch das Kompositum *Zwischenraum*) wird im allgemeinen nur gebraucht, wenn wir senkrecht (quer) auf die bezeichnete Ausdehnung blicken; beim Wort *Strecke* (meist auch bei *Distanz*) muß die Blickrichtung annähernd in einer Linie mit der bezeichneten Ausdehnung verlaufen.

C. Zeitliche Bedingungen

1. Substantive

Gewisse Substantive dürfen nur unter bestimmten zeitlichen Umständen einen Gegenstand bezeichnen. Da ein Gegenstand selbst nicht an eine bestimmte Zeit gebunden sein kann, besteht die Bedingung darin, daß eine bestimmte Handlung am Gegenstand zu einer bestimmten Zeit vorgenommen wird (daß mit dem Gegenstand zu einer bestimmten Zeit etwas geschieht). Ein bestimmtes Kollektiv von Speisen heißt, ohne Rücksicht darauf, wie es objektiv zusammengesetzt ist, *Frühstück (breakfast), lunch, dinner, Jause* (österreichisch), *supper,*[11] je nach der Tageszeit, zu der es gegessen wird. Es ist zuzugeben, daß ein *breakfast* sich oft auch objektiv, d. h. durch die Zusammensetzung der Speisen, von einem *lunch* unterscheidet; wirklich entscheidend darüber, ob eine Speisenfolge als *breakfast* oder als *lunch* zu bezeichnen ist, ist aber zweifellos die Zeit, zu der sie gegessen wird oder werden soll, und nicht die Zusammensetzung.

Auch das englische Wort *bride,* insofern es nur am Hochzeitstage oder kurz vor- und nachher gebraucht werden kann (C. O. D.: woman on her wedding day and for some days or weeks before and after it) gehört in diesen Zusammenhang.

[11] Das Deutsche bevorzugt Komposita.

2. Verben

Es gibt gewisse Verben, welche für eine Bewegung (einen Akt) nur dann verwendet werden können, wenn diese Bewegung aus bestimmter Ursache[12] geschieht (wobei die gleiche Bewegung auch anders verursacht werden könnte). So z.B. ist engl. *to tremble* (nach Maar-Günther) in Beziehung auf die Ursache neutral, hingegen *to quiver* „denotes a slight tremulous motion, is said of persons under the influence of some emotion". Dasselbe bei *shudder:* „to tremble with a sudden convulsive motion as from horror, fright or repugnance". Das deutsche *schaudern* ist auch bei Kälte als Ursache möglich. Dagegen können Bewegungen, deren Ursache Kälte ist, im Englischen weder mit *quiver* noch mit *shudder* bezeichnet werden. *To shake* ist definiert als: „to tremble from agitation or from concussion". Bei *shiver* ist Kälte oder kälteähnliches Gefühl sogar die einzige Ursache („to tremble with cold or a sensation like that of cold").

Bei einer andern Gruppe von Verben sind gewisse Vorgänge Bedingung, die dem Hauptvorgang vorausgehen und von gewissem, wenn auch nicht ausschließlichem Einfluß auf ihn sind. Das ist der Fall bei *antworten,* engl. *answer,* das übrigens gerade infolge seiner eigenartigen Inhaltsstruktur in kaum einem Wörterbuch befriedigend d.h. ohne Zirkel definiert wird; C.O.D. gibt *answer* = reply, *to reply* = to make answer. Ein Akt, der den Namen *antworten* tragen darf, ist nicht durch seine Form, per se, als solcher kenntlich. Die Aussage: „*Dein Schuhzeug ist unten im Schrank*", der Imperativ: „*Schau selber nach deinen Sachen!*" oder die Frage: „*Bin ich ein Hellseher?*" enthüllen sich als *Antworten,* wenn uns bekannt wird, daß jemand vorher die Frage: „*Wo sind meine Pantoffeln?*" gestellt hat. Diese Sprechhandlungen können also dann und nur dann als *Antworten* bezeichnet werden, wenn eine Frage, d.h. ein bestimmter Vorgang vorausgegangen ist. Selbstverständlich ist dies nur eine Bedingung: nicht jede Sprechhandlung, die auf diejenige eines andern Menschen folgt, ist eine Antwort. Wir können sehr wohl sagen: „*Er antwortete ihm nicht, sondern fuhr fort ...*". Anderseits braucht eine *Antwort* durchaus nicht immer die vom Fragenden gewünschte Information zu enthalten. „*Schau selber nach deinen Sachen!*" kann eine Antwort sein. Wir können also eine Sprechhandlung ungefähr dann *Antwort* nennen, wenn sie in ihrem Inhalt beeinflußt ist durch die Sprechhandlung eines andern Menschen, welche vorausgegangen ist, und wenn sie sich an diesen Menschen richtet. Die Art der Beeinflussung wollen wir nicht näher zu umschreiben versuchen, wichtig ist, daß die vorausgegangene Sprechhandlung zu den Bedingungen gehört, unter denen das Wort *antworten (Antwort)* auf einen gegenwärtigen Akt verwendet werden kann.

[12] Ursache als Bedingung wurde hierhergestellt, weil die Ursache im allgemeinen der Wirkung zeitlich vorauszugehen pflegt.

Handelt es sich im Falle von *antworten* darum, daß vorausgehende Akte einer andern Person zu den Bedingungen des Wortes gehören, so sind bei *Mord, ermorden, to murder,*[13] vorausgehende Akte des Subjekts selbst relevant. Ein Akt, der sonst *Totschlag* genannt werden kann, ist dann *Mord*[14] zu nennen, wenn er vorbedacht ist, was man praktisch an vorbereitenden Handlungen erkennt.

3. Adjektiva

Während es bei einem Adjektiv wie *weiß* gleichgültig ist, ob der bezeichnete Gegenstand immer weiß war oder vorher eine andere Farbe hatte, gibt es andere Adjektiva, bei denen auch ein früherer Zustand des Bezeichneten zu den Bedingungen gehört. Das ist der Fall bei *tot:* dieses Adjektiv kann nur auf etwas verwendet werden, was einmal Leben gehabt hat.

Auch die Ursache des Zustandes kann als Bedingung auftreten. Während *flach* ohne Rücksicht auf einen früheren Zustand oder auf die Ursache der Eigenschaft gebraucht werden kann, läßt sich *platt* im allgemeinen nur dann verwenden, wenn der Gegenstand durch Druck in die fragliche Form gebracht worden ist. Das gilt allerdings nur im süddeutschen Sprachgebrauch; Kleist spricht vom *platten Lande* (Michael Kohlhaas), womit flaches Land gemeint ist.

D. Verschiedene räumlich-zeitliche Umgebungsbedingungen

1. Verwandtschaftliche Beziehungen

Wörter wie *Vater, Sohn, Tante, Schwager* haben einen Menschen als Bezeichnetes, daneben besteht die weitere Bedingung, daß dieser Mensch von einem andern Menschen aus betrachtet wird (Sprecher oder im unmittelbaren Kontext erwähnte, eventuell auch stillschweigend vorausgesetzte Person), der zum Bezeichneten in einem bestimmten verwandtschaftlichen Verhältnis steht. Man „ist" also nie ein Onkel schlechthin, sondern immer jemandes Onkel, d.h. die Bedingung, unter der solche Wörter gebraucht werden dürfen, ist wiederum nicht ausschließlich dem Bezeichneten immanent, sondern teilweise außerhalb desselben. Um ein blutsverwandtschaftliches Verhältnis muß es sich handeln bei *Vater, Mutter, Sohn, Tochter, Bruder, Schwester,* (und den entsprechenden Komposita wie *Großmutter),* und beim Privativum *Waise.*

[13] Vgl. Locke, III, IX, 7, zitiert unten S. 107.

[14] *Murder,* nach heutigem englischem Recht: unlawful killing of a human being with malice aforethought or whilst committing a dangerous felony (rape, arson). D.h. *murder* kann auch von gleichzeitigen Handlungen abhängen.

Das Verhältnis der Blutsverwandtschaft kann in gewisser Hinsicht noch als ein kausales gedeutet werden, indem die Eltern ja tatsächlich die Ursache der Kinder sind. Anders ist es bei denjenigen Verwandtschaftsnamen, für welche die Blutsverwandtschaft nicht Bedingung ist: *Gatte*, *Gattin, husband, wife, Gemahl, Gemahlin, Braut, Bräutigam.* Hier sind die Bedingungen sozialer Natur: Voraussetzung dieser Wörter ist der Vollzug gewisser Bräuche durch die bezeichneten Personen, nämlich der Ehe oder des Verlöbnisses. Privativa in Bezug auf diese Bräuche sind *Kebse, Mätresse* etc. Die kausale und die soziale Bedingung finden sich vereinigt bei *Schwager, Schwägerin,* sowie bei den mit „*Schwieger-*“ zusammengesetzten Komposita, im älteren Deutsch bei *Schwäher, Schwieger, Eidam, Schnur;*[15] ein kausal-soziales Privativ ist *Bastard.* Verwandtschaftsnamen mit kausalen oder sozialen Bedingungen sind: *Tante, Onkel, Vetter, Base.*

Die kausal (Blutsverwandtschaft) und die sozial bedingten Verwandtschaftsnamen sind also, wenn man sie sprachlich und nicht auf die Natur des Bezeichneten hin betrachtet, semantisch weit verschieden. Die ersten können grundsätzlich in allen Sprachgemeinschaften vorkommen, die zweiten nur in solchen, die die betreffenden Bräuche kennen.

2. Mit dem Bezeichneten vorgenommene Handlungen

Wörter, zu deren Bedingungen es gehört, daß mit dem Bezeichneten etwas bestimmtes geschieht, sind sehr zahlreich. Ein Gegenstand darf nur dann *Fracht, freight* heißen, wenn er befördert wird oder befördert werden soll, *cargo* sogar nur, wenn das Beförderungsmittel ein Schiff oder Flugzeug[16] ist. Von Speisen haben wir bereits (S. 89) gesehen, daß sie ihre Namen (*lunch, dinner* etc.) wechseln; auch der Wechsel des Empfängers kann einen Wechsel des Namens bedingen (*Nahrung, Futter;* vgl. S. 68 Anm.). Zwischen den deutschen Wörtern *Nahrung* und *Futter* besteht darüber hinaus ein interessanter Unterschied: Findet eine Hyäne in der Steppe ein Stück Fleisch und frißt es, so ist das ihre *Nahrung,* bekommt sie im zoologischen Garten ein Stück Fleisch derselben Art, so ist das ihr *Futter. Nahrung* ist immer das, was sich ein Tier selber sucht, *Futter,* was ihm vom Menschen gereicht wird, d.h. die Bedingungen liegen keinesfalls allein im Gegenstand, sondern in dem, was mit ihm geschieht.

Ein ganzes semantisches Feld, das ebenfalls hierher gehört, machen die Geldbeträge aus, deren Namen je nach dem Empfänger wechseln. *Sold* erhält der Soldat, *wages, Lohn* der Arbeiter, *Gehalt, salary* der Angestellte

15 Über die verschiedene Aufgliederung von Verwandtschaftsnamen in verschiedenen Sprachen und in verschiedenen historischen Stufen des Deutschen siehe Weisgerber: Das Gesetz der Sprache, S. 35ff.

16 Nach Webster's Third New International Dictionary (1961) allgemein ein Fahrzeug (amerikanisch?).

oder Beamte, *Honorar, fee* der frei Arbeitende. Dabei ist der Empfänger natürlich nicht die einzige Bedingung: nicht jeder Geldbetrag z.B., den ein Soldat empfängt, ist *Sold;* dieses und die andern genannten Wörter dürfen nur auf Beträge angewendet werden, auf die sich der Empfänger durch bestimmte Leistungen ein Recht verschafft hat. Damit ruhen die Bedingungen solcher Wörter auch wieder im sozialen Gefüge und seinen Institutionen. Ebenso gilt das für Wörter, deren Bezeichnetes eine Geldsumme ist, auf die kein Anspruch besteht: *tip, Trinkgeld, Almosen, alms,* die sich unter sich wiederum durch den Zweck und die Situation des Empfängers (im 2. Fall: sehr bedürftig) unterscheiden.

Geifer darf nach Sanders-Wülfing auf die Substanz Speichel angewendet werden, insofern sie 1. unwillkürlich dem Munde entfließt (z.B. bei kleinen Kindern, engl. *slaver),* 2. als Schaum hervortritt (bei Aufregung, Krankheit). Die Bedingung „unwillkürlich dem Munde entfließen" gehört wieder nicht zum Gegenstand, sondern im weitesten Sinne zu dem, was damit geschieht. Ebenso ist engl. *spittle* meist Speichel, wenn er ausgespuckt wird (C.O.D. = saliva, esp. as ejected from mouth).

E. Teleologisch bedingte Wörter

1. Zweckbedingte Substantive

Bei einer großen Zahl von Substantiven ist nicht vor allem Form oder Material des Bezeichneten, sondern sein Zweck Hauptbedingung für den Wortgebrauch.

a) Die teleologisch-kausale Bedingung

Die hierher gehörenden Wörter haben zur Bedingung, daß das Bezeichnete dem Menschen einen Dienst genau umschriebener Art tut, und zweitens, daß es zu diesem Zweck vom Menschen verfertigt worden ist. Solche Wörter sind: *Ofen, Dach, Deckel, Stuhl, Tisch, Altar, Geld, Waffe, Uhr.* Man mag einwenden daß man z.B. einen Stuhl ohne weiteres an seiner Gestalt erkenne, oder mit andern Worten, daß die Gestalt, also Form und Material, für den Wortgebrauch maßgebend seien, und nicht der Zweck. Fassen wir aber z.B. einen ungepolsterten Barstuhl und einen kleinen runden Rauchtisch ins Auge, so müssen wir zugeben, daß sich die beiden unter sich, rein auf ihre Gestalt hin betrachtet, ähnlicher sind, als der Rauchtisch einem ekkigen Eßtisch und der Barstuhl einem gewöhnlichen Stuhl mit Lehne. Gleichwohl geht die Grenze zwischen *Stuhl* und *Tisch* zwischen den beiden sehr ähnlichen Gegenständen hindurch: sie scheidet Dinge nicht nach ihrer Gestalt, sondern allein nach ihrem Zweck: was der Mensch zum Sitzen geschaffen hat und gebraucht, ist ein *Stuhl,* was er geschaffen hat, um Gegenstände bestimmter Art daraufzustellen, die ihm zur Mahlzeit, zu Arbeit oder Spiel dienen, während er davor sitzt, ist ein *Tisch*. Ebenso sieht ein Wellblechdach einer Wellblechwand gestaltmäßig ähnlicher als einem Ziegeldach, es muß aber mit dem gleichen Wort *Dach* bezeichnet werden, weil es demselben Zwecke dient. Natürlich erkennen wir, ob es sich um einen Stuhl, einen Tisch, einen Ofen handelt, gleichwohl an der Gestalt des Objektes: ein Stuhl kann nicht aussehen wie ein Ofen, Dächer haben eine bestimmte Form usw. Die Gestalt ist aber lediglich eine Folge des Zweckes, zu dem der Gegenstand angefertigt worden ist. Aber die oben als Beispiel angeführte Grenze zwischen *Stuhl* und *Tisch* beweist deutlich, daß der Gebrauch des Wortes zwar sekundär nach der Gestalt erfolgt, primär aber nach dem Zweck, den die Gestalt verrät.[17]

b) Die rein teleologische Bedingung

Haben wir unter a) Wörter betrachtet, deren Bezeichnetes zu einem bestimmten Zwecke eigens vom Menschen geschaffen worden ist, so kommen wir nunmehr zu denjenigen Wörtern, deren Bezeichnetes von der Natur ohne Rücksicht geschaffen worden ist, vom Menschen aber zu einem bestimmten Zweck verwendet zu werden pflegt, mit andern Worten, ihm einen genau umschriebenen Nutzen bringt oder bringen kann. Hierzu gehört *Vieh, cattle,* wobei die objektive Gattung wiederum eine nur sekundäre Rolle spielt: von Italien sprechend können wir Wasserbüffel als *Vieh* bezeichnen, mit dem Blick auf unsere zoologischen Gärten aber nicht. *Obst* ist bei Sanders-Wülfing definiert als: „roh genießbare, nicht sowohl der Sättigung als des Wohlgeschmacks halber genossene Früchte"; diese Definition setzt also ganz deutlich den Zweck an erste Stelle. Dasselbe gilt für das Wort *Frucht,* wenn auch nur für den populären, nicht für den wissenschaftlichen Sprachgebrauch. Der letztere definiert *Frucht* als „Samenhülle + Samen" und zeigt dabei die allgemeine Tendenz der wissenschaftlichen Nomenklatur: vom Bezug auf menschliche Zwecke loszukommen.

Wörter wie *Gift, Arznei, Ballast,* können zu a) oder zu b) gehören, je nachdem ob der Mensch etwas zu einem Zweck herstellt oder sich eines Naturproduktes zum selben Zwecke bedient.

2. Verben

a) Resultatbedingte Verben

Halten wir ein Verb wie *winken* einem Verb wie *heizen* gegenüber. Der

[17] Die Meinung, „Zweck als Wesensmerkmal eines Begriffs" komme nur in primitiven Sprachen vor (Cassirer, Mythos und Sprache S. 33–35; Philosophie der symbolischen Formen I, S. 254ff.) scheint uns unhaltbar.

Gebrauch des Wortes winken im Satz: „*Er winkt*", wird dadurch möglich, daß die bezeichnete Person einen ganz bestimmten Akt ausführt (Erheben und Hin- und Herbewegen einer Hand, also Bewegung von genau vorgeschriebener Bahnkurve und ziemlich bestimmter Geschwindigkeit). Wenn die Bewegung in ihrer Form über ein gewisses Maß hinaus von diesem Typus abweicht, wenn sich etwa die Hand auf einem Tisch gleitend hin- und herverschiebt, so darf das Wort *winken* nicht mehr gebraucht werden. Der Gebrauch dieses Wortes ist also von der sinnlich wahrnehmbaren Form des Aktes abhängig. Dagegen ist er völlig unabhängig davon, was etwa auf diesen Akt hin geschieht, ob etwa auf das Winken hin jemand kommt, oder ob es unbeachtet bleibt.

Betrachten wir nunmehr das Verb *heizen.* Der Satz „*Er heizt*" kann, wenn wir auf die Akte der bezeichneten Person blicken, unter Bedingungen ausgesprochen werden, die unter sich weit verschieden sind: ein Mensch kann Kohle einschaufeln, er kann einen elektrischen Schalter oder einen Gashahn andrehen, also sehr verschiedene Dinge ausführen, immer aber darf das Wort *heizen* für diese Akte stehen, solange sie ein bestimmtes Resultat zur Folge haben oder voraussehen lassen: daß ein Ort oder Raum infolge dieser an sich beliebigen Akte erwärmt werde.[18] Sobald aber der Akt – und sei auch seine Form genau dieselbe – ein anderes Resultat zeitigt oder erwarten läßt, darf er nicht mehr den Namen *heizen* tragen, Beispiel: jemand knipst das Licht an, schaufelt Kohle ins Kellerfenster. Also: nicht die Form, sondern das Resultat des Aktes ist maßgebende Bedingung für das Verb *heizen.*

Die beiden Verben *winken* und *heizen* gehören also inhaltlich zwei fundamental verschiedenen Typen an. *Winken* ist aktbedingt: abhängig von einer genau umschriebenen Bewegungsform, deren Resultat irrelevant ist – *heizen* gehört dem Typus der resultatbedingten Verben an, gekennzeichnet durch Abhängigkeit von dem (tatsächlichen oder erwarteten) Resultat eines an sich irrelevanten Aktes.[19]

Aktbedingte Verben sind: *gehen, laufen, springen, tanzen, bekreuzen, nicken, zucken* usw. Die Abgrenzung von *gehen* gegenüber *laufen* zeigt das Wesen des Aktverbs sehr schön. Eine Bewegungsart des Menschen darf als

[18] Dieses Resultat kann, wie aus dem Beispiel zu sehen ist, erst eine geraume Zeit nach dem Aufhören des verursachenden Aktes eintreten. Es kann sogar überhaupt ausbleiben: „*Ich wurde beim Heizen unterbrochen, darum ist es jetzt noch nicht warm*" – ohne daß deshalb der Akt den Namen *heizen* verlieren muß. Es kommt einzig darauf an, daß der Akt das relevante Resultat normalerweise zur Folge hat, mithin auch diesmal erwarten läßt.

[19] Die Meinung, wonach ein Wort keine feste Bedeutung habe, nimmt zuweilen ihre Argumente aus Beispielen resultatbedingter Verben. Sie würde etwa argumentieren: So viele und verschiedenartige Akte wie Zündhölzchenanzünden, Kohleschaufeln, Knipserdrehen, in denen es gar nichts Gemeinsames gibt, werden mit dem Wort *heizen* bezeichnet; *heizen* hat also drei, oder, wenn man will, beliebig viele Bedeutungen. Dieses verwirrende Resultat entsteht nur, wenn man solche Verben durchaus auf die Akte statt auf deren Resultat beziehen will.

gehen bezeichnet werden, solange einer der Füße stets den Boden berührt. Wenn der Standfuß den Boden verläßt, bevor der andere ihn berührt, so darf die Bewegung nicht mehr *gehen* genannt werden; sie heißt dann *laufen.* Diese Abgrenzung spielt beim sportlichen Gehen eine große Rolle. Es ist also die Bewegungsform, welche über den Gebrauch des Verbs entscheidet.

Zu den Resultatverben gehören verschiedene formal leicht erkenntliche Verbengruppen, die allerdings unter sich formal nichts Gemeinsames haben.

1. Die Kausativa, welche ihrer Form nach mit den gewöhnlichen intransitiven Verben, zu denen sie gehören, identisch sind, z.B. *rollen, wälzen, kochen, sieden, kleben, stecken. Der Stein rollt* (intransitives Aktverb), Kausativ dazu: *Ich rolle den Stein* (transitives Resultatverb). Was ich dabei tue, wenn ich einen Stein oder einen Baumstamm rolle, ob ich ein Werkzeug irgendwelcher Art benutze, ob ich die Hände oder Füße zu Hilfe nehme, das ist für den Gebrauch des Verbs *rollen* irrelevant, relevant ist nur, daß, als Resultat meiner (beliebigen) Anstrengungen, der Stein, Baumstamm usw. rollt. Wenn das der Fall ist, und nur dann, kann das Verb *rollen* gebraucht werden. Den gleichen Fall treffen wir bei *wälzen* (zusätzliche Bedingung: Gewicht des Objekts); wiederum ist notwendig, daß sich das Objekt wälzt, damit der beliebige Akt, mit dem das Subjekt dies hervorruft, als *wälzen* bezeichnet werden kann.[20] *Kochen* ist ein ähnlicher Fall wie *heizen.* Was die Hausfrau oder der Koch tut, ist ohne Belang (es kann sich wiederum um mühsames Feuern oder bloß um das Andrehen eines Schalters handeln, und auch die andern Handlungen, die dazugehören, sind sehr verschiedenartig); relevant ist bloß, daß etwas „zum Kochen gebracht" wird oder in weiterem Sinne, daß Speisen durch Einwirkung von Hitze eßbar oder wohlschmeckend werden. In jedem Falle also entscheidet wiederum das Resultat. Dasselbe gilt für *backen, braten, sieden.*

Im Englischen ist diese Kategorie noch wesentlich größer. Nicht nur die Entsprechungen der genannten deutschen Verben: *roll, cook, boil, stick, bake, fry, roast, stew* können von Intransitiven zu Kausativen werden, sondern auch: *to grow, (to grow a beard,* einen Bart wachsen lassen), *bleed* (bluten machen; schröpfen), und verschiedene Verben der Bewegung, z.B. *run, march, walk, fly, sink* (rennen machen, auch: organisieren; marschieren, gehen machen; fliegen lassen, z.B. einen Drachen; versenken).

2. Formal deutlich gekennzeichnete, von Verben abgeleitete Kausativa, z.B. *legen* zu *liegen, setzen* zu *sitzen, hängen* zu *hangen, senken* zu *sinken.* Das Resultat muß den durch das einfache Verb bezeichneten Zustand *(han-*

[20] Man möchte auf den Gedanken kommen, daß überhaupt alle transitiven Verben Resultatverben seien. Das ist aber nicht der Fall. Verben wie *schlagen, stoßen, to kick, nudge,* erfordern einen Akt ganz bestimmter Form und nicht ein Resultat. Transitive Resultatverben werden übrigens zu Aktverben, sobald sie reflexiv gebraucht werden: z.B. *er neigt sich.*

gen) oder Akt *(sinken)* repräsentieren, damit die ihn verursachende Bewegung den betreffenden Namen (*hängen* etc., *senken* etc.) tragen darf.

3. Kausative Denominative, also von Substantiven oder Adjektiven abgeleitete Verba: zu *Schaden beschädigen*, zu *Wunde verwunden; schwärzen* zu *schwarz, lösen* zu *lose, töten* zu *tot, heizen* zu *heiß*. Einzig entscheidend für den Gebrauch des betreffenden Verbs ist wiederum, ob der vom dazugehörigen Substantiv oder Adjektiv bezeichnete Zustand eintritt: jeder beliebige Akt, der diesen Zustand zeitigt, darf mit dem entsprechenden Verb bezeichnet werden.

4. Formal nicht gekennzeichnete Resultatverben. Hierher gehören z.B. *bauen*, engl. *construct, build; heben, helfen, verlieren, fördern, schließen*. Die Akte des *Hebens*, unter sich sehr verschieden, sind nur durch das Resultat vereinigt: daß etwas in die Höhe geht. Bei *bauen* muß das Resultat eine bestimmte Struktur sein. Bei einem Verb wie *verlieren* liegt es sogar im Wesen des Inhaltes, daß der konkrete Akt oder die Bewegung, die das relevante Resultat zeigt, im Verborgenen bleibt; deshalb ist der Gebrauch des Präsens sehr selten, und wo das Präsens erscheint *(„Achtung, du verlierst deine Schneebrille!")*, hat es stets futurische oder potentiale Funktion: *du wirst* (oder: *kannst*) *verlieren*. Die Verborgenheit des Verb-Aktes kann sogar zur Folge haben, daß die Präsensform des betreffenden Verbs ausstirbt; dies ist der Fall bei *verschollen*, zu dem heute kaum mehr jemand den wahren Infinitiv kennt.[21]

Unter die Resultatbedingten[22] gehört auch das Verb *arbeiten* und das Aktsubstantiv *Arbeit*, definiert als: „zweckbestimmte Tätigkeit zur Befriedigung materieller und geistiger Bedürfnisse des persönlichen und des gemeinschaftlichen Lebens". Der gleiche Akt, der für jemand Arbeit ist, kann für jemand anders eine Freizeitbeschäftigung sein und damit den Namen *Arbeit* nicht in Anspruch nehmen.

Die Resultatverben sind nicht in allen Fällen mit den zweckbedingten Verben identisch. Zwar ist bei manchen Verben der Zweck entscheidend: die Frage lautet: Wozu, worumwillen wird etwas getan? Das gilt z.B. für *heizen*. Ein Akt darf als *heizen* bezeichnet werden, wenn er „um des Zwekkes der Erwärmung willen" getan wird. Ob dann der Zweck erreicht wird, ist irrelevant. Dasselbe gilt für *bauen, arbeiten*. Andere Verben dagegen, z.B. *töten*, sind so nach dem Resultat orientiert, daß dies durchaus nicht der Zweck des Aktes zu sein braucht. Es ist möglich, daß jemand absichts-

21 Kluge, Etym. Wörterbuch setzt *verschallen* an; wahrscheinlicher ist ahd. *scëllan* (st. vb. III.), da *schallen* schwach ist.

22 Man kann sagen, daß die Resultatverben als Klasse genommen auf einer höheren Abstraktionsstufe stehen als die Aktverben, da sie ja von der konkreten Form des Aktes absehen, abstrahieren. Immerhin heißt das nicht, jedes einzelne Resultatverb sei abstrakter als jedes Aktverb. Ein Aktverb wie engl. *to move* = sich bewegen ist zweifellos abstrakter (bedingungsärmer) als ein Resultatverb wie *to lift*, oder *heizen*.

los, fahrlässig getötet wird. Auch der Akt des *Verlierens* ist stets unbeabsichtigt, ebenso kann man unbeabsichtigt etwas *heben, rollen, beschädigen, schwärzen* usw. Bei diesen Verben nun ist es, im Gegensatz zu den zweckbedingten, eine relevante Bedingung, daß das Resultat tatsächlich eintritt und nicht nur erwartet wird.

b) Unsere Begriffe von Gleichheit und Verschiedenheit

Wir nehmen die Unterscheidung von Aktverben und Resultatverben zum Anlaß, um kurz darauf hinzuweisen, wie die Sprache unser Weltbild beeinflußt, um nicht zu sagen verfälscht. Wenn ich heute früh *geschrieben habe* und heute nachmittag wieder *geschrieben habe,* so sage ich, wie jeder normale und unvoreingenommene Mensch: ich habe heute früh und heute nachmittag dasselbe getan. Warum? Ich habe heute früh und heute nachmittag je eine Handlung vorgenommen, und diesen zwei Handlungen kann ich den gleichen Namen geben, nämlich *schreiben.* Zwar weiß ich, daß die beiden Handlungen nicht identisch sind – einige Einzelzüge waren verschieden – aber ich bin davon überzeugt, daß meine Handlung vom Morgen und die vom Nachmittag wesentlich gleich sind. Diese Gleichheit leite ich, ohne daß ich mich mit Bewußtsein darum kümmere, aus der Gleichheit des Namens ab: *schreiben* und *schreiben* ist im wesentlichen dasselbe, so wie *singen* und *singen* dasselbe ist. Alle unsere praktische und theoretische Ordnung der Welt beruht darauf, daß solche wesensgleiche Akte oder auch Dinge zusammengenommen werden.[23] Auch die Mathematik rechnet mit wesensgleichen Dingen: fortschreitend zählen kann ich allein, was zur selben Gattung gehört – mit andern Worten, denselben Namen trägt.

Wenn unsere ganze ordnende Weltbeherrschung auf der Zuordnung von Gleichem zu Gleichem aufgebaut ist, so muß es doch interessieren, was denn eigentlich „gleich" heißt. Und bei der Betrachtung unserer Wortinhalte empfangen wir eine einigermaßen niederschmetternde Antwort: daß nämlich durchaus verschiedene Gleichheitsbegriffe nebeneinander existieren. Wenn wir Aktverben gebrauchen, so werden wir dadurch genötigt, Bewegungen gleicher Form als gleich anzusehen, sprechen wir in Resultatverben, so können wir nur Akte als gleich ansehen, die gleiche Folgen haben. Genau dasselbe spielt sich mit den Dingen ab. Dort gilt bald gleiche Form als Gleichheit, bald gleiches Material, bald nur beides zusammen, bald die Gleichheit des Zwecks, dem sie dienen. An Hand unserer Kate-

[23] Ein Objekt benennen heißt: es einer Klasse zuweisen; vgl. Jespersen (Language S. 388, zitiert bei Cassirer, An Essay on Man, S. 209): „Man is a classifying animal: in one sense it may be said that the whole process of speaking is nothing but distributing phenomena, of which no two are alike, into different classes on the strength of perceived similarities and dissimilarities. In the name-giving process we witness the same ineradicable and very useful tendency to see likeness and to express similarity in the phenomenon through similarity in name."

gorien lassen sich noch einige Dutzend andere Prinzipien der Gleichheit finden.

Mit der Frage: Was ist Gleichheit? geht die Frage zusammen: Was ist Verschiedenheit? Wenn ein bestimmtes Wort nur auf das eine von zwei Dingen, nicht aber auf das andere anwendbar ist, dann pflegen wir anzunehmen, daß die beiden Dinge ihrem Wesen nach verschieden sind. Aber auch das Prinzip der Verschiedenheit ist alles andere als einheitlich: verschiedene Größe, verschiedenes Gewicht, verschiedener Zweck, verschiedener Besitzer, Bewegung und Ruhe eines Dinges usw. kann je nach den gebrauchten Wörtern als Verschiedenheit gelten.

Da jede Sprache zur Auffassung „gleiches Wort = gleiches Ding" nötigt, wäre eine Untersuchung über die sachlichen Differenzen wertvoll, welche den Gebrauch der inhaltlich nahestehenden Wörter regeln. Wie sie durchzuführen wäre, sei kurz angedeutet: der Gebrauch des Wortes *Wind* ist gegenüber dem Wort *Luft* durch das Moment (die Bedingung) der Bewegung eingeengt, die demnach eine Art semantisches Unterscheidungsquantum darstellt: ihr Vorhandensein erlaubt den Gebrauch eines neuen Wortes, d.h. erlaubt es, das Bezeichnete als eine andere Substanz oder, wenn man will, als zu einer andern Klasse gehörig, anzusehen. In gleicher Weise macht übernormale Größe den *Riesen* zu einer neuen Substanz gegenüber dem *Mann* und zweckbedingte veränderte Form die *Faust* zu einer neuen Substanz gegenüber der *Hand.* Die Beantwortung der Frage: welches Merkmal verändert in den Augen der Sprachgemeinschaft die Substanz eines Dinges, dürfte, von der sprachlichen Feldbetrachtung an die Hand genommen, sich als sehr fruchtbar erweisen. Der phonologischen würde damit eine semantische Differenzenlehre an die Seite gesetzt.

c) Akt und Resultat als Bedingung

Bei den reinen Resultatverben ist nur das Resultat die Bedingung für den Wortgebrauch. Selbstverständlich wird ein bestimmtes Resultat nicht durch irgendwelche ganz beliebigen Akte hervorgerufen: ich kann mein Zimmer nicht dadurch *heizen,* daß ich die Flöte blase, sondern nur durch Schaufeln, Knipsen, Feuer anzünden usw. Das bestimmte Resultat erfordert, damit es zustande kommt, auch eine bestimmte Auswahl von Akten. Deshalb kann ein Resultatverb auch nur für bestimmte Akte stehen, aber nicht direkt dieser Akte, sondern zunächst des Resultates wegen.

Nun gibt es aber eine Anzahl von Verben, bei denen sowohl eine bestimmte Aktform als ein bestimmtes Resultat (bestimmter Zweck) primäre Bedingungen sind. Beweis: das Verb darf nicht mehr verwendet werden,

1. wenn der Akt bei gleichbleibendem Resultat (oder Zweck) seine Form verändert;

2. wenn der Akt bei gleichbleibender Form ein anderes Resultat zur Folge hat oder einem andern Zwecke dient.

Ein solches Verb ist z.B. *fliehen, to flee.* Es kann definiert werden als: sich entfernen, um sich zu retten oder etwas zu vermeiden. Jeder Akt, der als *fliehen* bezeichnet werden kann, deckt sich der Form nach mit den Akten, die als: *sich entfernen, abreisen, weggehen (-fahren, -laufen)* bezeichnet werden können. Nun ist aber natürlich nicht jedes sich Entfernen auch ein Fliehen. Damit ein sich Entfernen als *fliehen* bezeichnet werden kann, gehört dazu, daß es „zum Zwecke der Rettung oder der Vermeidung unternommen wird". Mit dieser Bedingung scheidet sich *fliehen* von den reinen Aktverben. Anderseits ist es auch kein reines Resultatverb; denn nicht jeder Akt, der zur Rettung oder Meidung dient (etwa: den Angreifer überwältigen, sich verstecken) darf als *fliehen* bezeichnet werden. Tatsächlich sind also Akt und Zweck gleich wichtige primäre Bedingungen für den Gebrauch dieses Verbs.

Zur selben Gruppe gehört *baden* (und: *Bad*): „ins Wasser gehen zu bestimmtem Zweck, nämlich der Reinigung oder Kräftigung". Nicht alles, was der Reinigung und der Kräftigung dient (z.B. waschen), kann *baden* genannt werden, ebensowenig ist die Bezeichnung *baden* gestattet, wenn die bezeichnete Person zu einem andern Zweck ins Wasser geht, z.B. um etwas herauszuholen. Gerät jemand unabsichtlich ins Wasser und ich bezeichne das als ein *„kaltes Bad"*, so ist das eine indirekte Metapher. Dasselbe, wenn ich sage: *„N.N. mußte ins Gefängnis spazieren";* denn *spazieren,* gleichfalls ein akt- und zweckbedingtes Verb, heißt: „zum Zwecke der Erholung oder Zerstreuung gehen".

Werfen läßt sich definieren als: durch Schwung des Armes oder der Hand (Akt) durch die Luft fliegen machen (Resultat). Daß der bestimmte Akt Bedingung für das Verb *werfen* ist, liegt auf der Hand; denn *werfen* impliziert eine bestimmte Bewegung des menschlichen Armes; es grenzt sich dadurch ab gegen *stoßen,* daß die nach rückwärts verlängerte Bahnkurve der Hand nicht durch das Schultergelenk gehen darf.[24]

Wenn das durch-die-Luft-Fliegen (Resultat) mit andern Akten verursacht wird (Beteiligung des Fußes, Schnippen mit den Fingern, Zuhilfenahme einer Maschine[25]), so kann man ebenfalls nicht mehr von *werfen* sprechen. *Werfen* ist also durchaus aktbedingt. Nicht so engl. *throw* (auch von Mörsern, Wasserschläuchen) und frz. *lancer* und *jeter* = „lancer avec

[24] So in den Regeln für das sportliche Werfen und Stoßen.

[25] Die Ausdrücke *Minenwerfer, Granatwerfer, Flammenwerfer* dürfen nicht zur Annahme verleiten, auch Maschinen könnten *„werfen"*. Der Gebrauch des nomen agentis ist hier wie oft ein anderer als der des dazugehörigen Verbs. Ein Minenwerfer z.B. *schleudert, verschießt, feuert* Minen; ein Flammenwerfer *spritzt. Werfen* wäre hier metaphorisch-vermenschlichend und fehlt deshalb in sachlicher Literatur. (Vgl. Militärwörterbuch von Eberhard, Stuttgart 1940.)

la main ou avec une machine" (Larive et Fleury). Um über die Resultatbedingtheit ins Klare zu kommen, machen wir ein Gedankenexperiment. Angenommen, ich will einen Stein werfen, erteile ihm den nötigen Schwung mit der richtigen „Werfbewegung". Der Stein verläßt meine Hand, prallt aber schon nach 5 Zentimeter freien Fluges an ein Hindernis (z.B. einen Ast), das ich übersehen habe, und fällt kraftlos zur Erde. Diese Situation ist nicht häufig, aber durchaus möglich. Frage: Kann ich sagen, daß ich *geworfen* habe? Wohl kaum. Von *werfen* kann man doch wohl nur sprechen, wenn der Stein eine bestimmte, „beträchtliche" (in einem vernünftigen Verhältnis zur aufgewendeten Kraft stehende) Strecke frei fliegt. Das heißt: auch der (durch den Akt zwar eingeleitete, aber nicht ausschließlich von ihm abhängige) Erfolg ist für den Gebrauch dieses Verbs maßgebend. Also ist *werfen* ein akt- und resultatbedingtes Verb, so wie *baden* ein akt- und zweckbedingtes Verb ist.

Ein weiterer deutsch-englischer Unterschied besteht zwischen *schwimmen* und *to swim.* Englisch: *to swim* ist akt- und erfolgsbedingt (Erfolg: nicht absinken, erreicht durch Bewegungen der Glieder). Wird der Erfolg ohne Bewegung bloß durch geringes spezifisches Gewicht erzielt, so muß *to float* an Stelle von *to swim* treten. Das deutsche *schwimmen* ist ein bloßes Resultatverb ohne Aktbedingung: der Erfolg (oben bleiben) kann durch Bewegungen oder durch spezifische Leichtigkeit erreicht werden, er ist also allein maßgebend für den Gebrauch von *schwimmen.*

F. Relative Bedingungen und ihre Normen

Unter den Wörtern aller Wortarten, proportional am häufigsten wohl bei den Adjektiven, gibt es solche, deren Gebrauch nicht durch absolute, sondern durch relative Bedingungen geregelt wird. Während bei *lebendig, tot, weiß, grün, naß*, Bedingungen wirksam sind, die innerhalb gewisser Grenzen fest sind und deshalb absolut genannt werden können, ist die Bedingung, die uns erlaubt, etwas als *lang, kurz,* usw. zu bezeichnen, zweifellos keine absolute, sondern eine relative. Ein sehr *langer* Bleistift ist immer noch viel kürzer als ein sehr *kurzer* Ski. Dasselbe gilt von *groß, breit, hoch, weit* und ihren Gegenstücken. Auf welche Norm aber sind nun diese relativen Bedingungen bezogen? Wohl am häufigsten ist die Speziesnorm, d.h. der Bezug auf den „normalen", durchschnittlichen Vertreter der Spezies, der das Bezeichnete angehört. Ein Haus darf also dann *groß* genannt werden, wenn es größer ist, *klein,* wenn es kleiner ist, als das Durchschnittshaus. Damit halten wir zweierlei fest: Die Adjektiva wie *groß, klein, breit* usw. haben, wenn ohne Maßangabe gebraucht, Komparativcharakter, da sie nur dann gebraucht werden können, wenn etwas größer, kleiner, breiter usw. als der Durchschnitt ist. Das wird dort besonders auffällig, wo der Durchschnitt als schön gilt: niemand will eine *lange* oder *kurze Nase* haben. Ferner: Die Norm ist auch bei einem gegebenen Gegenstand nicht absolut fixiert, da man sich auf Spezies, Subspezies, Sub-Subspezies usw. beziehen kann. „*Sie ist groß*" kann heißen: 1. „Sie ist größer als ein normales Mädchen". 2. „... als ein normales 12jähriges Mädchen", 3. „... als ein normales 12jähriges englisches Mädchen" usw. Die Frage, welche Spezies oder Subspezies die Norm liefern soll, und die zweite, wie groß man sich den Normalvertreter der gewählten Spezies zu denken hat (etwa: das normalgroße 12jährige Mädchen), wird natürlich nicht von jedermann gleich beantwortet werden, daher die vielen strittigen Fälle und die Diskussionen, ob jemand oder etwas „*groß*" sei. Daher dann wieder oft die irrige Meinung, daß Wörtern wie *groß* überhaupt keine „Bedeutung", d.h. keine geregelte Anwendung zukomme. Keine großen Meinungsverschiedenheiten herrschen, wenn die in Frage stehende Spezies ziemlich eng umgrenzt ist, z.B. bei Schuhen oder Glühbirnen. Unsicherheit ergibt sich dagegen bei sehr weiter Spezies; was heißt: *ein großes Quadrat? ein großer Stein?* Hier wird zuweilen die Spezies noch weiter auf das hier und jetzt Vorhandene eingeschränkt: ein *großer Stein* ist in Bezug auf diejenigen groß, die ich zugleich mit ihm erblicke, die an einem bestimmten Ort herumliegen usw.

Für die Dimensionen *breit, lang, hoch, dick* gilt ebenfalls in vielen Fällen die Speziesnorm, z.B. für einen *langen Bleistift, hohen Turm, hohen Tisch,* eine *breite Straße,* ein *breites Band,* einen *dicken Stock (Karton);* d.h. für Objekte von fester oder unendlicher Länge gilt der Bezug auf das Normalexemplar der betreffenden Spezies. Daneben aber tritt hier häufig ein anderer Bezug auf, und zwar vor allem dann, wenn die andern Dimensionen gut übersehbar und vergleichbar sind. Dieser Bezug tritt z.B. dann auf, wenn wir ein Brett *breit* nennen. Es hält zu schwer, so etwas wie die „durchschnittliche Breite" eines Brettes, Rechtecks zu finden, d.h. Speziesnorm ist hier unmöglich. Deshalb sagen wir dann von einem Rechteck oder Brett, es sei *breit (schmal),* wenn seine Breite im Verhältnis zu seiner Länge „beträchtlich" („unbeträchtlich") ist. D.h. wir messen an den andern Dimensionen desselben Gegenstandes und stellen ihre Proportion zur bezeichneten Dimension fest. Diese Proportion (also etwa: Breite: Länge) vergleichen wir zugleich mit der entsprechenden Proportion des Normalexemplars der Spezies (also etwa mit einem Rechteck im goldenen Schnitt). Diese Art Norm nennen wir die Proportionsnorm. Nach ihr bezeichnen wir z.B. einen Tisch (ein Zimmer) als *lang* oder *breit,* einen Menschen als *dick* oder *dünn,* wenn sein Längen-Breitenverhältnis gegenüber dem Längen-Breitenverhältnis des Normalvertreters zugunsten der Breite, Länge usw. „gestört" erscheint. Wenn ein „*dicker*" Mensch bei gleichem Umfang einen Kopf größer wäre, würde er oft nicht als *dick* gelten. Einen Baumstamm bezeichnen wir eher nach der Speziesnorm, d.h. ohne Rücksicht auf seine Länge als *dick,* dagegen nach beiden Normen als *dünn. Hoch* kann sowohl auf die Spezies- wie auf die Proportionsnorm bezogen sein: ein *hoher Turm* kann entweder an absoluter oder an proportionaler Höhe den Durchschnittsturm übertreffen, desgleichen ein *hoher Schrank.* Wo dagegen eine Normalhöhe existiert, wie bei Tischen, gilt nur die Speziesnorm. Bei *tief* wird gern die Proportionsnorm gewählt: ein Loch (Tal, Schlucht) ist umso *tiefer,* je enger es ist, ein schmales Gewässer wird bei gleicher objektiver Tiefe eher als *tief* bezeichnet als ein breites: was für einen Bach als *tief* gilt, ist für einen breiten Fluß oder gar See noch *nicht tief.*

Die dritte Norm, welche dem Subjektiven den größten Spielraum läßt, aber dennoch häufig angewandt wird, wollen wir individuelle Erwartungsnorm nennen. Sage ich: *„Er ist groß“* von meinem dreijährigen Neffen, den ich ein paar Monate nicht gesehen habe, so sage ich damit nicht aus, der kleine Mann sei größer als der normale Dreijährige, sondern: er sei mehr gewachsen, als ich von ihm erwartet habe. Man ist sich bei der Anwendung dieser Norm meist bewußt, daß man ein rein persönliches Urteil fällt; durch Hervorhebung des *is* im Englischen, durch die Überraschungspartikel *aber („Der ist aber groß!“)* und durch entsprechende Intonation wird dies äußerlich kenntlich gemacht und damit allfällig entstehenden Diskussionen der Boden entzogen. In nüchtern intonierter Aussage duldet die Sprachgemeinschaft die individuelle Erwartungsnorm weniger, wenn sie nicht mit einer andern Norm zusammenfällt; d.h. es kommt dann zu Widerspruch: *„Ach nein, er ist doch gar nicht groß, Käthi ist auch erst drei Jahre alt und schon viel größer usw.“.*

Ungleich wichtiger ist die vierte Norm, die Tauglichkeitsnorm. Sie wird bei allen Dimensionsadjektiven gelegentlich, bei deutsch *eng* und *weit,* und bei englisch: *narrow, wide, large* sozusagen ausschließlich angewandt und verweist diese letzteren Adjektive damit in eine besondere Kategorie. Wann darf ich von einer Öffnung sagen: *„Sie ist eng“?* Wohl kaum dann, wenn sie kleiner ist als die „durchschnittliche Öffnung gleicher Art“ (Speziesnorm); denn dann würde man sie *klein* nennen. Möglich, doch ebenfalls selten, ist die Proportionsnorm: *ein enges, langes Rohr.* Am häufigsten aber wird etwas dann *eng* genannt, wenn es „beengt“, d.h. wenn das, was darin ist oder hindurchgehen soll, schlecht Platz hat. So ist ein *enges* Kleid bezogen auf seinen Träger, ein *enges* Zimmer auf die Zahl der Menschen oder Möbel, die in ihm sich befinden, ein *enges* Tor auf die Breite dessen, was durchgehen oder -fahren muß. Alle diese Dinge werden *eng* genannt, weil sie (infolge kleiner Öffnung) zu ihrem Zweck schlecht taugen, wogegen *weite* Öffnungen ihrem Zwecke dienen. Das Maß, an dem *eng* oder *weit* gemessen werden, ist also die Tauglichkeit, oder, allgemeiner, die Wirkung des Gegenstandes auf andere Dinge.

Am besten wird der Unterschied der Normen bei Dingen sichtbar, auf die sich mehrere verschieden genormte Adjektiva anwenden lassen, also etwa: *groß, lang, weit* bei Schuhen. *Groß* ist meist auf die Speziesnorm (z. B. Männerschuhe) bezogen, *lang* auf die Spezies- oder Proportionsnorm, *weit* dagegen auf den Fuß, der hineinmuß, genauer: auf die Tauglichkeit der Schuhgröße für diesen Fuß. Ein Schuh ohne Fuß kann *groß, klein, lang, kurz* sein, nie aber *weit* oder *eng.*

Die Tauglichkeitsnorm gilt – nicht ausschließlich, aber gelegentlich – auch zum Teil für die andern Adjektiva; z. B. sind wir geneigt, ein Brett als *schmal* zu bezeichnen, wenn wir auf ihm einen Bach überqueren müssen. Es ist dann selbstverständlich nicht schmal in Bezug auf andere Bretter (Spezies) oder in Bezug auf seine Länge (Proportion) sondern auf seine Tauglichkeit, uns ohne Gefahr über den Bach zu bringen. Ebenso nenne ich eine Stange *lang,* eine Grube *tief,* einen Stein *groß,* wenn diese Dinge zu einem gegebenen Zwecke taugen. Dagegen heißt: *kurz, niedrig, klein* usw. durchaus nicht immer auch untauglich, im Gegenteil, es kann ein Gegenstand gerade dadurch seinem Zweck genügen, daß er *kurz, klein, eng* ist. So kann *tief,* angewendet auf Wasser, gleichzeitig Tauglichkeit und Untauglichkeit zur Voraussetzung haben. *Tief* kann heißen: tief genug für mein Schiff; es kann aber auch negativ gemeint sein in: *Paß auf, das ist tief!* Im letzteren Sinne ist die Bedingung für *tief* fast absolut, nämlich: so tief, daß ein Mensch nicht mehr stehen kann. In beiden Fällen aber handelt es sich nicht um eine Spezies- oder Proportionsnorm, sondern um eine Wirkungs- oder Tauglichkeitsnorm.

Durch ihre vorherrschenden Normbezüge unterscheiden sich auch die englischen Entsprechungen des Wortes *groß,* deren Gebrauch gerade aus diesem Grunde für Deutsche schwer zu erlernen ist. Wir gehen, um dies darzustellen, am besten von dem Worte *large* aus. Dieses kommt, vektoriell betrachtet, dem Wort *groß* am nächsten, es wird von Ausdehnung in allen Richtungen, sowohl bei festen Körpern als bei Hohlräumen gebraucht. Ein Unterschied besteht dagegen in der Normung: Während bei *groß,* wie wir gesehen haben, die Speziesnorm gleich häufig oder sogar häufiger ist als die Tauglichkeitsnorm, wird *large* fast ausschließlich auf die Tauglichkeitsnorm bezogen. Daher wird es dann im Deutschen, wenn es sich auf eine Öffnung oder einen Hohlraum bezieht, am besten mit *weit, geräumig,* bei Mengen mit *reichlich* übersetzt. Wenn wir sagen: *This is large,* sei es nun auf ein Zimmer, eine Öffnung, ein Stück Fleisch oder Brot bezogen, so geschieht das in der Regel dann, wenn wir im Zimmer gut Platz haben, wenn der Gegenstand, der durch die Öffnung soll, gut durchgeht, wenn die Portion Fleisch oder Brot dazu angetan ist, unseren Appetit hinlänglich zu stillen, mit andern Worten, immer dann, wenn das Ding durch seine Dimension zu seinem Zwecke tauglich ist.

Von *large* aus läßt sich *big* leichter verstehen. Da der Begriff „angemessen groß und darum tauglich" durch *large* besetzt ist, nimmt *big* die andere Seite des Feldes „groß" ein, heißt also entweder: „unpassend groß, zu groß" oder doch mindestens „auffallend groß, eindrucksvoll groß". *A big mouth* ist „ein freches, großes Maul", *a large mouth* dagegen hat z.B. der Wal, „ein geräumiges Maul, so wie er es braucht". *A big income* ist ein klotziges, *a large income* ein reichlich genügendes Einkommen, gleichermaßen unterscheiden sich *a big meal* und *a large meal.* Da *big* das Moment des Außergewöhnlichen enthält, wird es auch oft bei Entschuldigungen gebraucht: *He eats a lot, but then he's a very big cat:* „Unsere Katze frißt sehr viel, aber sie ist eben auch ein Staatsvieh".

Nicht nur die Dimensionsadjektive sind relativ und auf Normen bezogen, sondern auch viele andere, z.B. *alt, warm, kalt, hell, dunkel, langsam, schnell* usw. Ein Merkmal der relativen Adjektive, die im wesentlichen auf Vergleich beruhen, ist, daß sie sehr häufig im Komparativ erscheinen, während bei den absoluten Adjektiven der Komparativ *(lebendiger, weißer, nässer* usw.) streng genommen ausgeschlossen wäre oder uns jedenfalls auf eigenartige Weise frappiert (Dichtersprache).

Die Dimensionsadjektiva sind die einzigen Wörter, bei denen alle vier Normen anwendbar sind. Bei den andern relativ bedingten Wörtern fällt die Proportionsnorm weg. Dimensionsbedingt sind die Substantiva *Riese* und *Zwerg* (Speziesnorm). Relativ gemessen wird auch die Geschwindigkeit bei Verben wie *eilen, rasen, schlendern, bummeln,* und bei Adjektiven wie *rasch, schnell, langsam* und ihren englischen Entsprechungen. Hier, ebenso wie beim Gewicht *(leicht, schwer)* scheint in sachlicher Rede die Speziesnorm die größte Rolle zu spielen, wogegen bei den Adjektiven der Temperatur *(kalt, mild, lau, warm, heiß)* die Tauglichkeitsnorm sowie die Erwartungsnorm (die hier oft aus dem unmittelbar vorher Erlebten gewonnen wird, d.h. als Kontrastnorm erscheint) wichtiger ist.

G. Versteckte absolute Normen

Unter den bisher behandelten Wörtern haben wir schon verschiedene angetroffen, in deren Inhalt sich bestimmte Auffassungen von Normalität verstecken. So heißt *nackt* (vgl. S. 45) nicht: „unbekleidet" sondern: „im Gegensatz zum Normalen unbekleidet". Die Privativa im allgemeinen haben ja immer die Abwesenheit von etwas, das normalerweise vorhanden ist, zur Bedingung. Die Norm erscheint auch in einem Verb wie *stellen (stellen* ist nur möglich für Gegenstände, für die es eine Normalstellung gibt, vgl. S. 67).

Eine Anzahl von Verben haben zur Bedingung, daß der bezeichnete Akt nicht selbstverständlich sei. So *treffen,* das sich damit von *meet* unterscheidet. Ein Schüler kann nicht sagen: *„Ich treffe meine Mitschüler jeden Tag"*, dagegen sehr wohl: *„Ich sehe meine Mitschüler jeden Tag".* Wo eine Begegnung selbstverständlich ist, kann sie nicht *treffen* genannt werden. Lösen wir die semantische Kongruenz und verbinden wir *treffen* mit *selbst-*

verständlich, etwa in: „*Selbstverständlich traf er einen Freund, der ihn zum Wein verleitete*", so heißt das ironisch: „Wie seiner Natur nach zu erwarten war, traf er ‚zufällig' (in Anführungszeichen) einen Freund, der ihn usw.". Man vergleiche auch: „*Selbstverständlich traf er N. N.*" mit „*Selbstverständlich sah er N. N.*". Das zweite ist nüchtern objektiv: „Mit normalen Augen mußte man auf jene Distanz N. N. bemerken". Das erste dagegen tönt ironisch und heißt entweder: „Das leidige Schicksal wollte es, daß er ihm in die Arme laufen mußte", oder „Er sagte: zufällig; wir wissen es besser: arrangiert".

Beweis dafür, daß ein Verb die Bedingung der Nicht-Selbstverständlichkeit enthält, ist das praktische Fehlen des Imperativs: Wir werden kaum je sagen: „*Triff ihn in der Stadt!*",[26] denn das hieße ja, daß wir uns Gewalt über den Zufall anmaßen. Ebensowenig können wir jemand auffordern: „*Finde!*", da *finden* immer heißt: „zufällig, wenn auch nach Anstrengung, finden". Hier scheint das englische *to find* vom deutschen verschieden zu sein, da man es auch als Wunsch *(Will you find me a taxi?)* und als Versprechen *(I'll find a chair for you)* hören kann.[27] Ähnlich scheint sich engl. *to reach* von deutsch *erreichen* zu unterscheiden. Der durch *erreichen* bezeichnete Akt ist nicht selbstverständlich und zum mindesten mit Mühe verbunden, was bei *reach* (definiert als: *to arrive at*) nicht der Fall zu sein braucht.[28]

Das deutsche Verb *geraten* ist definiert als: „in einem Fall, wo mehrere Lösungen möglich sind, ohne bestimmte Absicht wohin gelangen (in einen Sumpf, unter andere Sachen, unter die Mörder)". Auch hier gehört es zur Bedingung, daß „mehrere Lösungen" möglich sind, daß also der Vorgang ebenfalls nicht selbstverständlich ist. Die Probe mit „*selbstverständlich*" beweist dies: „*Selbstverständlich geriet er in ...*" hat wie „*selbstverständlich traf er ...*" einen deutlich ironischen Sinn. *Geraten* darf nur mit „zufällig", „ohne zu wollen" usw. verbunden werden.

Treffen, finden, erreichen, geraten enthalten also alle die Bedingung, daß auch eine andere Lösung anstelle des bezeichneten Vorgangs möglich gewesen wäre und daß die Wahrscheinlichkeit des Eintreffens gerade dieses Ereignisses g e r i n g e r war als diejenige anderer Lösungen. Wir können

26 Hier ist nur die Rede von *treffen* und nicht von *sich treffen*.

27 Oft steht *to find* dem deutschen *suchen* näher; das kleine Fernrohr, das die Einstellung eines Teleskops erleichtert, heißt deutsch *Sucher*, englisch *finder*. Auch die folgende Anekdote illustriert das: Engländer zu Neger: „*Go and find me my stick!*" Neger nach einer Weile ohne Stock zurückkommend: „*I find it, but I no see it*".

28 Der deutsche Satz eines Engländers: „*Wenn wir Zürich erreichen ...*", von ihm rein temporal gemeint, wird von jedem Deutschsprechenden automatisch als konditional aufgefaßt, obwohl das *wenn* an sich temporal und konditional sein kann, Bei „*Wenn wir in Zürich ankommen*" bleibt diese Frage (temporal oder konditional?) offen. *Erreichen* aber veranlaßt uns, durch das ihm innewohnende Element der „Nicht-Selbstverständlichkeit", von den beiden Bedeutungen des *wenn* ohne Zögern die konditionale auszuwählen.

diese Wörter somit als Verben mit Wahrscheinlichkeitsnorm einordnen.

Eine andere Norm ist diejenige des Nutzens oder Schadens eines Vorgangs. Als Beispiel für ein Feld, in dem das Englische und das Deutsche auseinandergehen, sei *Brand* und *Feuer* genannt. *Feuer* ist im Deutschen in bezug auf Nutzen oder Schaden neutral, *Brand* dagegen kann nur von einem schädlichen Verbrennungsprozeß gebraucht werden. Dem Englischen fehlt ein Wort, das *Brand* genau entspricht, weshalb das Wort *fire* (abgesehen vom literarischen *conflagration)* auch alle Gebrauchsmöglichkeiten von *Brand* besitzt. Dadurch ist *fire* im Vergleich zu *Feuer* weniger neutral: zwar sagt man vom Kaminfeuer: *a lovely fire,* andererseits aber verwendet man für ein Gartenfeuer lieber *bonfire* als *fire.*

Die bereits (S. 70) genannten Verben *stutzen, lop, prune, preen, trim* haben alle zur Bedingung, daß etwas (Haare, Zweige, Federn) entfernt wird, was entweder unnütz oder unschön ist. Ebenso wird *to tuck* (etwa = „einstecken") nur von einem Objekt gebraucht, das unschön oder unnötig vorsteht oder heraushängt, z. B. ein Taschentuchzipfel. *To tuck* entspricht daher genau dem schweizerdeutschen *schoppen.* Beide Verben haben daneben auch dieselbe Slangbedeutung entwickelt. *To tuck in, ineschoppe,* heißt nämlich auch „kräftig essen", wobei die Norm deutlich mitschwingt: für den Essenden, so ist die Meinung, ist die Mahlzeit „am falschen Ort", so lange sie nicht in ihm ist, und er beeilt sich darum, sie „aufzuräumen".

Die sozialen Normen berührt schon Locke (Essay III, ix, 7): „What the word *murder,* or *sacrilege,* &c., signifies, can never be known from things themselves: there be many of the parts of those complex ideas which are not visible in the action itself; the intention of the mind, or the relation of holy things, which make a part of murder or sacrilege, have no necessary connection with the outward and visible action of him that commits either." So gehört zu *sacrilege* der Begriff der Heiligkeit. Verba wie *stehlen, rauben, schenken, kaufen, verkaufen, borgen, leihen, tauschen,* die Substantiva *Dieb, thief, theft* können mit ihrem jetzigen Inhalt nur in einer Gemeinschaft existieren, die den Begriff des Eigentums und, bei *kaufen, verkaufen, feil,* auch den des Geldes kennt. Im weiteren Sinne gehören diese Verben zu den Resultatverben: relevant ist nicht die Form, sondern das Resultat des Aktes; dieses Resultat ist aber weder eine Bewegung, noch ein sinnlich direkt wahrnehmbarer Zustand des Objektes, sondern der Handwechsel, der Übergang aus dem Eigentum des einen in dasjenige eines andern Menschen.[29]

Wörter wie *heiraten, Heirat, Hochzeit, Gatte, Witwe,* oder auf der an-

[29] Da *Eigentum* selbst ein hochgradig abstrakter Begriff ist, ist diese Klasse der Verben ebenfalls abstrakt zu nennen, obwohl der Akt an sich (mit der Hand hinstrecken, wegnehmen und Geld dafür geben usw.) durchaus konkret im Sinne von sinnlich wahrnehmbar ist.

dern Seite z.B. *Unzucht* und *Dirne*, können in dem bei uns gebräuchlichen Inhalt nur in einer Gemeinschaft existieren, die den Brauch der Ehe kennt.

Eine andere soziale Norm ist die geregelte Macht oder Autorität. Auf sie beziehen sich die S. 66 behandelten Wörter, z.B. *geruhen, befehlen, grollen* (hohe Macht oder Autorität), *flehen, bitten* (geringe Autorität). Man denke an die komische Wirkung der entsprechenden indirekten Metaphern: „*das Dienstmädchen geruhte* ...“. Schließlich ist *verzeihen* nur möglich bei einer Sprachgemeinschaft, die den Begriff der Schuld kennt.

H. Der Sprecher und seine Umgebung

Bei einer großen Zahl von Wörtern ist die Wertung des Bezeichneten durch den Sprecher eine für den Gebrauch relevante Bedingung. Dabei ist es kaum möglich, abzugrenzen, ob es sich nur um die Meinung des Sprechers oder um diejenige „aller Rechtdenkenden“, also des Durchschnitts der Sprachgemeinschaft handelt. Sagt jemand: „*Das ist ein Held*“, so ist es seine persönliche Wertung, diese aber erhebt gleichzeitig Anspruch auf eine gewisse Allgemeingültigkeit. Hier steckt natürlich das Problem der wertenden Wörter überhaupt: sie sind abhängig von persönlichen Urteilen, geben sich aber objektiv; daher der Streit, ob jemand „ein Held“ sei usw.

Zu unterscheiden ist dagegen zwischen direkten und indirekten Bewertungen. Nenne ich einen Menschen *Dieb, Räuber* oder *Kuppler*, so liegt darin normalerweise zwar meine Geringschätzung, diese aber stützt sich auf eine sachliche Feststellung: ich sage aus, daß jener Mensch ein bestimmtes Handwerk ausübt, welches allerdings von der Gesellschaft mißbilligt wird. Nenne ich dagegen jemand einen *Schuft*, so werfe ich ihm nichts Konkretes vor, sondern äußere lediglich meine schlechte Meinung von ihm. Grundsätzlich sollte der Ausdruck Pejorativ nur auf die zweite Wortgattung verwendet werden und nicht auf Wörter wie *Schwindler, Dieb* usw. Auch die Strafrechte scheiden normalerweise zwischen Verleumdung (bzw. übler Nachrede bei Gutgläubigkeit), welche in sachlichem Vorwurf unehrenhaften Verhaltens besteht, und Beschimpfung, d.h. Anwendung eigentlicher Pejorativa wie *Halunke.*

Das Gegenstück zu den Pejorativa sind nicht, wie man annehmen könnte, die Euphemismen, sondern die Meliorativa: Wörter, die eine positive Bewertung durch den Sprecher zur Bedingung haben, wie *Schatz, darling, prächtig, lovely, nice* usw.

Semantisch am interessantesten sind wohl die Wörter, in denen die Wertung nicht das Haupt- sondern ein Nebenelement des Inhalts bildet; denn hier gehen die einzelnen Sprachen oft stark auseinander. So enthalten *düster* und *finster* erstens das objektive Element „dunkel“ beziehungsweise „sehr dunkel“, daneben aber noch die negative Bewertung dieses Zustandes durch den Sprecher; es ist möglich, zu sagen: *angenehm dunkel,* aber nicht:

angenehm düster, angenehm finster, außer man hätte Freude am Unheimlichen. Dem gegenüber hat das Englische neben *dark* (außer den gewählten oder poetischen Ausdrücken *murky, sombre, tenebrous)* nur ein Wort für die unangenehme leichte Dunkelheit: *gloomy,* „düster". Die genaue Entsprechung zu *finster* fehlt also. Englisch *plump* und *fat* sind mehr oder weniger neutrale Bezeichnungen für einen gewissen Grad von Korpulenz, wogegen in deutsch *plump* und *fett* (auf Menschen bezogen) eine deutliche ästhetische Abneigung fühlbar wird. Umgekehrt liegt in *weise* und in gewissem Grade auch in *gescheit* ein positives ethisches Urteil, ein weiser und schlechter Mensch ist undenkbar. Der ethische Gehalt im englischen *wise* und *clever* ist wesentlich geringer; *wise* ist z. B. auf einer Reklame derjenige, der sich täglich gut rasiert und sich dadurch allerlei Vorteile verschafft, *clever* endlich tendiert schon gegen „schlau" hin.

Große Unterschiede zeigen sich innerhalb dieser Gruppe auch beim Vergleich mit früheren Sprachstufen. So gibt es z.B. im Altenglischen keine Wörter mit der Bedeutung „intelligent" oder „schön", bei denen nicht auch ein positives ethisches Urteil mitschwingt; das ethisch neutrale Schönheits- und Intelligenzwort kommt erst in der mittelenglischen Zeit auf, womit das frühere totale Weltbild durch eine Konkurrenz und Opposition verschiedener Werte abgelöst wird.[30]

Der Euphemismus gehört nicht mehr zum Abschnitt „Bewertung durch den Sprecher". Er wird nicht angewendet, weil der Sprecher vom Bezeichneten eine besonders gute Meinung hat, sondern vielmehr meistens, weil er die Gefühle seiner Umgebung schonen will. Wir gelangen hier in die Kategorie der gesellschaftsbedingten (durch die soziale Schicht bedingten) Wörter, unter denen die Tabu-Wörter die wichtigsten sind. Ein gegebener derber Ausdruck (z.B. *kotzen, ersaufen, Luder*) ist nur noch bedingt „deutsch", indem er zwar meist allerdings verstanden wird, aber nicht in allen deutschsprechenden Gesellschaftsschichten gebraucht werden darf. Mit dieser Charakteristik: „verständlich, aber mit Sanktionen bedroht", gehört er zusammen mit den eigentlich fehlerhaften *(gewunken* für *gewinkt)* oder nur regional richtigen Ausdrücken *(Pfnüsel* für *Schnupfen)* außerhalb des allgemeinen Deutsch.

Neben der Gesellschaftsschicht kann auch das Geschlecht des Sprechers Bedingung sein. Englisch *horrid* ist ein ausgesprochenes Frauenwort, *confounded, rotten, lousy, vile* und die *bl*-Gruppe werden überwiegend von Männern gebraucht. Wieder andere Wörter gehören bestimmten Fach- oder Alterssprachen an.

Endlich ist auch der sogenannte stilistische Unterschied (Unterschied in der Stilhöhe) zwischen zwei Wörtern, also: *Aar – Adler, Leu – Löwe, Frau*

30 Vgl. Verf., Aufschlußreiche altenglische Wortinhalte (in: Sprache – Schlüssel zur Welt: Festschrift für L. Weisgerber, Düsseldorf 1959).

– *Weib, girl – maiden* usw. seinem Wesen nach dasselbe wie unsere anderen Inhaltsunterschiede. Ein solcher Stilunterschied ist ebenfalls ein Gebrauchsunterschied (*Aar* kann im prosaischen Stil nicht gebraucht werden), also grundsätzlich keineswegs von den bereits gegebenen vielgestaltigen Inhaltsunterschieden verschieden. Ausdrücke, die nur einem besonderen Stil (z. B. dem poetischen) angehören, sind also, allgemeiner gesagt, Wörter, deren Gebrauch von der Natur des Kontextes abhängig ist.

Nachtrag 1960

Seit dem Erscheinen der ersten Auflage dieses Buches sind nicht nur verschiedene Besprechungen und andere Stellungnahmen erschienen; ganz allgemein hat sich die Sprachwissenschaft weiter entwickelt. Die Fäden, welche von unserem Buch zu anderen Arbeiten verlaufen, neu oder fester zu knüpfen, ist der Zweck dieses Nachtrags. Er nennt zuerst Rezensionen und andere Schriften, die zum „Wortinhalt" Stellung bezogen haben – ihre Anregungen sind nach Möglichkeit bereits im Text berücksichtigt – und sucht sodann den Platz der hier vorgelegten Semantik innerhalb der gegenwärtigen Forschung etwas klarer zu bestimmen.

Neuere Veröffentlichungen

Besprechungen sind erschienen von: W. Clauss (Neue Zürcher Zeitung 5.6.1953), W.E. Collinson (Modern Language Review L. 2, April 1955), Els Oksaar (Moderna Språk 49, 1955), E. Rüegger (Schweiz. Lehrerzeitung 13.11.1953), H. Rupp (Archiv für das Studium der neueren Sprachen 190. 4, Mai 1954), R. Salewsky (Die neueren Sprachen 1953, 10), W. Schmidt-Hidding (Anglia 73. 1, 1955), S. Wyler (Gymnasium Helveticum 1957, 2).

Stellungnahmen, die über eine bloße Erwähnung hinausgehen, finden sich ferner in folgenden Schriften: W. Henzen, Wortbedeutung und Wortnatur (in: Sprachgeschichte und Wortbedeutung, Festschrift Albert Debrunner, Bern 1954), T. Izutsu, Language and Magic (Tokio 1956), S. Ullmann, The Principles of Semantics (²Glasgow and Oxford 1957; Appendix), L. Weisgerber, Vom Weltbild der deutschen Sprache, 2. Halbband: Die sprachliche Erschließung der Welt (²Düsseldorf 1954), E. Wüster, Die Struktur der sprachlichen Begriffswelt und ihre Darstellung in Wörterbüchern (in: Studium Generale 12.10.1959).

Eine japanische Übersetzung des Buches durch T. Suzuki erschien im Frühjahr 1960 in Tokio.

Über die Entwicklung der Semantik in den letzten Jahren hat S. Ullmann im Nachtrag zur zweiten Auflage seiner „Principles of Semantics" (Glasgow and Oxford 1957) einen vorzüglichen Bericht gegeben. Eine reichhaltige Bibliographie früherer Werke findet sich bei H. Kronasser, Handbuch der Semasiologie (Heidelberg 1952) sowie bei B. Quadri, Aufgaben und Methoden der onomasiologischen Forschung (Bern 1952); einzelne bibliographische Hinweise enthält E. Leisi, Das heutige Englisch (⁵Heidelberg 1969, nach § 19).

Sieht man sich nach allgemeinen Tendenzen um, so fällt vor allem das

Aufleben semantischer Forschung in Amerika auf. Über die unserer Richtung freilich ferner liegende Bewegung der „General Semantics" (Sprachkritik mit weitgesteckten kulturreformatorischen Zielen) orientiert gemeinverständlich S. Chase, Power of Words (London 1955). Nachgelassene Essays von B. L. Whorf sind unter dem Titel „Language, Thought and Reality" herausgegeben worden (New York and London 1956); sie geben eine Darstellung der bisher vorwiegend in Europa (vor allem durch L. Weisgerber) behandelten Zusammenhänge zwischen Sprache und Weltbild oder zwischen Sprache und Verhaltensweise der Sprachgemeinschaft. Eine Konferenz von Linguisten und Vertretern angrenzender Fächer hat zu den Gedanken Whorfs im ganzen positiv Stellung genommen[1]. Auch auf den jüngsten internationalen Linguistenkongressen haben sich viele Forscher zu Fragen der Semantik geäußert[2].

Semantik und Strukturalismus

Ein noch ungelöstes Problem ist dagegen das Verhältnis zwischen der Semantik und der strukturellen Sprachwissenschaft[3]. Man kann geradezu sagen, daß dieses Verhältnis in der Mitte der Auseinandersetzungen um die Strukturalistik stehe. „Meaning" ist ein Stein des Anstoßes für die Strukturalisten und anderseits ein Hauptargument der Gegenrichtung. Was im einzelnen zur Diskussion steht, sei im folgenden etwas ausführlicher dargestellt; zugleich sei die Frage erhoben, was für Konsequenzen sich hieraus für die Semantik ergeben.

Es besteht kein Zweifel, daß die sogenannte Strukturalistik die Sprachwissenschaft mit einem neuen und sichereren Unterbau versehen hat, und zwar vor allem durch folgenden Grundgedanken:

1. Gegenstand der Sprachwissenschaft sind nicht die immer wieder neuen individuellen Sprechakte sondern die Sprachsysteme[4].
2. Sprachsysteme sind nicht in das Prokrustesbett fremder (z. B. lateinischer) Kategorien zu zwängen; es gilt vielmehr die ihnen immanenten Kategorien zu finden[5].

[1] Hierüber: Language in Culture (ed. H. Hoijer, Chicago 1954).

[2] Vgl. Proceedings of the Eighth International Conference of Linguists (Oslo 1958, bes. S. 636ff.) und frühere Berichte.

[3] Die gegenwärtig beste Einführung in strukturalistische Gedanken und Methoden ist wohl: C. F. Hockett, A Course in Modern Linguistics (New York 1958); eine handliche Zusammenfassung gibt K. Hansen, Wege und Ziele des Strukturalismus (Zs. für Anglistik u. Amerikanistik 6. 4, 1958).

[4] Seit F. de Saussure, vgl. seinen Cours de linguistique générale ([5]Paris 1955), p. 23ff.).

[5] Beispiel einer englischen Grammatik nach dem neuen Prinzip: C. C. Fries, The Structure of English (New York 1952).

3. Innerhalb der Sprachsysteme sind die Elemente oder Zeichen nur von sekundärer Wichtigkeit; in erster Linie wichtig sind die Differenzen zwischen den Zeichen[6].
4. „Mentalistische“ Termini, wie „Gedanke“, „Vorstellung“, „Bewußtsein“, sind zu vermeiden, weil psychologische Erscheinungen, soweit sie sich nicht äußerlich manifestieren, nur subjektiv (durch Introspektion) aber nicht objektiv d.h. nicht wissenschaftlich erfaßbar sind[7].

Von diesen Grundgedanken werden heute die ersten drei fast allgemein, der vierte weit herum anerkannt. Die Geister scheiden sich jedoch an der Kontroverse um die Bedeutung.

Einer der wichtigsten Einwände gegen die strukturalistische Linguistik lautet: Sie widmet sich nur der Ausdrucksseite der Sprache und schweigt die Inhaltsseite in der Praxis tot[8]. Diese Einseitigkeit ist aus mehreren Gründen zu bedauern:

1. weil jedes sprachliche Zeichen Ausdruck *und* Inhalt hat, die Inhalts- oder Bedeutungsseite mithin genau so gut zur Sprache gehört wie die Ausdrucksseite.
2. weil ein Grundbegriff der Strukturalistik, das Phonem, durch das Moment des Bedeutungsunterschiedes definiert ist, also ein Bedeutungs- oder Inhaltselement voraussetzt.
3. weil auch andere strukturalistische Kategorien den Begriff „meaning“ enthalten, z.B. morpheme = the smallest meaningful unit.

Von manchen Vertretern der Strukturalistik wird dagegen entweder eingewendet, „meaning“ stehe außerhalb des Sprachsystems[9], oder aber, die Semantik stehe erst in den Anfängen[10], arbeite noch mit vorwissenschaftlichen „mentalistischen“ Methoden, und sei in ihrer gegenwärtigen Form wissenschaftlich nicht brauchbar.

Die gegenwärtige Spaltung der Sprachwissenschaft in „Strukturalisten“ und „Nichtstrukturalisten“ mit gegenseitiger Abkapselung und harten Worten auf beiden Seiten ist kein erfreulicher Zustand; es sollte daher jede Gelegenheit zu einer Annäherung der Standpunkte geprüft und wenn möglich ausgenützt werden.

Manche Vorwürfe auf beiden Seiten würden dahinfallen, wenn sich die strukturalistische Linguistik mehr den Sprachinhalten zuwenden könnte;

[6] „Dans la langue il n'y a que des différences (Saussure, Cours, p. 166).

[7] Hierauf legt vor allem die amerikanische Richtung im Anschluß an L. Bloomfield, Language (New York 1933 u.ö.) Gewicht.

[8] Formulierung dieses Einwands und Darstellung der Diskussion bei Ullmann, Principles, p. 317ff.; vgl. auch Ullmann in Proceedings of the Eighth Internat. Congress of Linguists, p. 679.

[9] Lit. bei Ullmann, Principles, 317–320.

[10] „in its infancy“ (Hockett, Course 139); vgl. auch T. B. W. Reid, Linguistics, Structuralism and Philology (Archivum Linguisticum 1956, p. 34).

Voraussetzung hierfür ist aber eine Semantik, die objektiv und wissenschaftlich genug wäre, um von der Strukturalistik anerkannt zu werden. Als solche müßte sie folgende Minimaleigenschaften haben:

1. Sie müßte sich auf das Sprachsystem beziehen, nicht auf die individuellen Sprechakte.
2. Sie müßte Elemente beschreiben, die zur Sprache gehören und nicht außerhalb derselben stehen.
3. Sie müßte den Begriff „Bedeutung" oder „Inhalt" so definieren, daß er objektiv wissenschaftlich erfaßbar ist, also nicht „mentalistisch".

Wir halten es für möglich, daß man, ausgehend von der im vorliegenden Buche dargelegten Semantik, zu einer allen diesen Anforderungen entsprechenden Disziplin kommen könnte. Um dies zu zeigen, seien im folgenden die einschlägigen Probleme nochmals kurz dargestellt.

1. Das Sprachsystem als Gegenstand der Sprachwissenschaft

Bei der Betrachtung sprachlicher Erscheinungen haben wir zu unterscheiden zwischen *Sprechakt* (auch *Rede*, engl. *speech*, frz. *parole)* und *Sprachsystem* (auch *Sprache*, engl. *language*, frz. *langue)*. Was wir direkt beobachten können, sind die zahllosen immer wieder neuen Sprechakte. Aber nicht diese zu beschreiben, ist die Aufgabe der Sprachwissenschaft – denn dies würde ins Unendliche führen –; ihr Gegenstand sind vielmehr die wiederkehrenden, überindividuellen, systematischen Elemente; diese bilden in ihrer Gesamtheit die Sprachsysteme, z.B. die deutsche oder die englische Sprache[11].

2. Die Zweiseitigkeit der Elemente

Die neuere Sprachtheorie ist sich darüber einig, daß jedes Element eines Sprachsystems zwei Komponenten vereinigt, eine äußere und eine innere. Früher wurde die äußere mit „Form", die innere mit „Funktion" oder „Bedeutung" bezeichnet. Es hat sich aber gezeigt, daß diese Ausdrücke etwas mißverständlich sind: „Form", weil auch die inneren Komponenten geformt sind, und weil man unter „Form" häufig ein ganzes Sprachelement mit beiden Seiten versteht (z.B. progressive Form); „Bedeutung", weil man dabei in der Regel an den Mitteilungsgehalt im konkreten Sprechakt oder an die Vorstellungen eines Individuums denkt, an Elemente also, die außerhalb des Systems stehen; „Funktion" endlich, weil es den falschen Gedanken erweckt, daß das sprachliche Element etwas „tue".

F. de Saussure verwendete die Begriffe „signifiant" (für die äußere Komponente) und „signifié" (für die innere). Seit etwa zehn Jahren sind noch

[11] So de Saussure, Cours, und andere; vgl. auch oben S. 14f.

verbreiteter die Termini „Ausdruck“ (engl. „expression“) und „Inhalt“ (engl. „content“)[12]. Wir werden uns im folgenden an das letzte Begriffspaar halten.

Zum Ausdruck gehört alles, was letztlich aus Phonemen (differentiell bestimmten Lauttypen) besteht, also alles, was im Sprechakt phonetisch realisiert und damit hörbar wird. Inhalt, so definieren wir vorläufig, wäre also diejenige Komponente, die nicht aus Phonemen besteht. Liegt der Inhalt damit außerhalb der Sprache? Gewiß nicht. Der Unterschied zwischen zwei Wörtern, z. B. deutsch *rollen* und *wälzen*, besteht nicht nur im Unterschied der Phoneme. Wir können z. B. von diesen Wörtern aussagen, daß sie nicht synonym sind; Synonymie und Nichtsynonymie aber sind ohne Zweifel sprachliche Kategorien. Wir können weiter sagen: es gibt einen nichtphonematischen Unterschied zwischen diesen beiden Wörtern, dem im Englischen nichts entspricht (vgl. oben S. 68, 75). Dieser nichtphonematische also inhaltliche Unterschied gehört einer bestimmten Sprache an, ist mithin ein sprachliches Element. Er geht in erster Linie weder die Philosophie, noch die Soziologie, noch die Psychologie an sondern die Sprachwissenschaft.

Sowohl Ausdruck wie Inhalt gehören also zum Sprachsystem und nicht zum konkreten Sprechakt. Beide sind demnach keine physischen Größen sondern Abstraktionen aus solchen. Der sprachliche Ausdruck besteht nicht in konkreten Lauten sondern in Lauttypen (Phonemen). Worin aber besteht der Inhalt?

3. Die Natur des Inhalts

Soviel ist klar, daß der Inhalt als abstrakte Größe nicht ein „Ding“ sein kann: der Inhalt des Wortes *Hund* ist nicht ein realer Hund, der Inhalt des Wortes *Antwort* ist nicht ein konkretes Stück Sprache. Was aber ist er sonst?

Bis heute sind die „mentalistischen“ d. h. introspektiv-psychologischen Definitionen am verbreitetsten: für de Saussure ist „signifié“ ein „concept“; für Weisgerber ist der Wortinhalt ein „Begriff“; Ogden und Richards stellen in ihrem bekannten Dreieckschema[13] dem „symbol“ (etwa = Ausdruck) und „referent“ (etwa = Ding) die „reference“ gegenüber und definieren sie als „thought“. Es besteht kein Zweifel, daß im Anschluß an diese Definitionen sehr viel Fruchtbares geleistet worden ist. Trotzdem können sie die moderne Sprachwissenschaft aus mehreren Gründen nicht

[12] Im englischen Sprachbereich im Anschluß an L. Hjelmslev, Prolegomena to a Theory of Language (Baltimore 1953); im deutschen wurde „Inhalt“ von Weisgerber schon früher gebraucht.

[13] The Meaning of Meaning (London ²1927 u. ö.).

völlig befriedigen. Erstens sind, wie bereits gesagt, Vorstellungen und Gedanken nur durch subjektive Innenschau, also nicht objektiv wissenschaftlich zu bestimmen. Zweitens besteht keine eindeutige und konstante Beziehung zwischen Ausdrücken und Gedanken: das Wort *Katze* läßt mich häufig an anderes denken als an eine Katze, anderseits können auch andere Wörter meine Gedanken auf eine Katze bringen[14]. Drittens sind Gedanken oder Vorstellungen etwas, was zu einem individuellen Sprecher oder Hörer und zu einer konkreten Situation gehört, also zum Sprechakt und nicht zum Sprachsystem.

Eine bessere Lösung könnte von Definitionsvorschlägen her kommen, die in den Jahren 1952/53 in drei verschiedenen Schriften unabhängig voneinander gemacht worden sind. P. Kecskeméti in „Meaning, Communication and Value" (Chicago 1952, p. 137) hält folgendes fest: „Whatever the meaning of the word as such is, it is communicative and not situational meaning. In what way can we understand such communicative meaning to be the ‚representation' of something by something else? Surely not in the sense that the word (‚cat') evokes the ‚thought' of a cat; many things can make me think of cats, and the word ‚cat' may make me think of many things beside cats. The meaning of the word is, rather, some rule we have to observe if our communications are to be ‚right' within a language. The rule for ‚cat', and for any other English word, says something like this: If you want to make an assertion that is to be acceptable or understandable as the assertion of such and such a fact ..., you have to use the word ‚cat' rather than ‚dog' in such and such a place in the sentence schema.'"

L. Wittgenstein setzt in seinen „Philosophischen Untersuchungen / Philosophical Investigations" (Oxford 1953, p. 20 u. passim) „meaning" mit „use" gleich. Im gleichen Jahr ist in der ersten Auflage des „Wortinhalts" vorgeschlagen worden, „Inhalt" als „Bedingungen des Wortgebrauchs" zu definieren (Kapitel I, oben, abgeschlossen 1950).

Gemeinsam ist diesen Vorschlägen die „operational definition of meaning"[15], welche „Inhalt" oder „Bedeutung" nicht als Gedanke sondern in Termini des Gebrauchs, also des möglichen Vorkommens eines sprachlichen Ausdrucks definiert. Während bei Kecskeméti und Wittgenstein die neue Auffassung nur ganz kurz und in anderen Zusammenhängen angeführt wird, steht sie im vorliegenden Buch in der Mitte, zum Teil begleitet von „mentalistischen" Gedankengängen aber leicht von ihnen ablösbar. Den Kern bilden folgende Überlegungen: Wir beobachten, daß bestimmte sprachliche Äußerungen nur unter bestimmten Bedingungen erfolgen. So

[14] Vgl. Zitat aus Kecskeméti im folgenden Abschnitt.

[15] Der Terminus „operational definition" bei S. Ullmann, The Concept of Meaning in Linguistics (Archivum Linguisticum 1956, p. 17), vgl. auch seine Principles (p. 302f., 316). Behavioristische Definition von „meaning" gab es schon seit längerer Zeit, doch bezogen sie sich auf den konkreten Sprechakt.

wie sich aus den hörbaren Äußerungen die den Ausdruck bildenden konstanten Lauttypen (Phoneme) abstrahieren lassen, lassen sich aus den verschiedenen realen Situationen bestimmte Bedingungstypen ermitteln, die einem bestimmten Ausdruck fest zugehören. Die zu einem Ausdruck gehörenden Bedingungstypen nennen wir seinen Inhalt. Ein sprachliches Zeichen z. B. ein Wort ist nicht durch den Ausdruck allein bestimmt sondern nur durch Ausdruck *und* Inhalt.

Mit dieser Definition sind lange nicht alle Schwierigkeiten beseitigt, aber es ist Wesentliches gewonnen. Inhalt in unserem Sinn ist ein Teil des Sprachsystems, nicht des Sprechaktes. Die den Inhalt ausmachenden Bedingungen werden zwar in konkreten Situationen erfüllt, realisiert; sie sind aber selbst nicht physischer Natur sondern abstrakte Typen. Der Inhalt steht somit auf gleicher Ebene wie der Ausdruck, welcher auch nicht aus realen Lauten sondern aus Phonemen d. h. Lauttypen besteht. Inhalt wie Ausdruck sind Formen, nicht Substanzen.

Unsere Definition ist frei von introspektiven „mentalistischen" Elementen. Der Inhalt wird objektiv erfaßbar, und die Semantik kann von einer streng wissenschaftlichen Linguistik akzeptiert werden. Mit den psychologischen Faktoren fallen auch die persönlichen oder privaten Bedeutungselemente dahin: affektiver Wert, Assoziationen, Konnotationen[16], welche zum Sprecher oder Hörer, also nicht zum Sprachsystem gehören, beliebig variabel sind und in keiner festen Beziehung zum Ausdruck stehen.

Mit einer „operationellen" Semantik lassen sich viele Wortinhalte erfassen, die einer rein psychologischen Bedeutungslehre unzugänglich sind. Dies gilt u. a. von denjenigen Wörtern, die an der Grenze zwischen Lexikon und Grammatik liegen, wie etwa das deutsche unbetonte *doch*. Der Unterschied zwischen *Bleiben Sie sitzen!* und *Bleiben Sie doch sitzen!* ist in psychologischen Termini nicht eindeutig erfaßbar, weil der zweite Satz Gemütlichkeit, Höflichkeit, Ungeduld oder Verlegenheit bekunden kann, also verschiedene durchaus gegensätzliche Gefühle. Die Bedingungsdefinition dagegen läßt eine eindeutige Formulierung zu: „*doch* kann in der Aufforderung dann gesetzt werden, wenn der Angesprochene ein der Aufforderung zuwiderlaufendes Verhalten zeigt oder zu zeigen im Begriffe ist – in unserem Falle, wenn er aufsteht oder Anstalten macht, aufzustehen. Liegen keine entsprechenden Symptome vor, z. B. bei einer auf die fernere Zukunft gerichteten Aufforderung, so ist *doch* ausgeschlossen." So wie die Definition hier steht, hat sie wohl noch Lücken, aber sie kann ohne weiteres korrigiert und präzisiert werden, weil sie an objektive Gegebenheiten anschließt.

„Inhalt" als Gebrauchsbedingungen definiert, läßt sich gleichermaßen

16 Etwa in dem Sinne, daß *Löwe* für ein Kind etwas anderes „bedeutet" als für einen Zoologen, usf., daß mithin die Wörter keine allgemeine Bedeutung besäßen. Vgl. K. Baldinger, Die Semasiologie (Berlin 1957, S. 16).

für lexikalische, grammatische und stilistische Elemente anwenden; künstliche Zerschneidungen fallen damit dahin, und Grenzgebiete – wie das eben erwähnte *doch* – werden der Forschung besser zugänglich. Der Inhalt erhält die ihm zukommende Stellung als gleich universelles Gegenstück des Ausdrucks.

Natürlich ist die hier vorgeschlagene Semantik nicht frei von Problemen. Auf die wichtigsten von ihnen sei nunmehr kurz hingewiesen.

4. Wortgebrauch außerhalb der Zeigdefinition

Unsere Definition des Wortinhaltes (oben S. 21) nahm zum Ausgangspunkt den Situationstypus der Zeigdefinition. Aus ihr werden die muttersprachlichen Wortinhalte zuerst erlernt; sie ist die einzige Situation, in welcher der Wortinhalt als Funktion einer einzigen, außersprachlichen Variablen erscheint. Die Zeigdefinition, können wir sagen, ist die Verankerung der Wortinhalte an der außersprachlichen Welt; hier hebt sich sprachliche Form eindeutig von außersprachlicher Substanz ab.

Dies heißt nun nicht, daß wir die Wörter einer Sprache nur innerhalb dieser einen Situation betrachten können. Jeder Gebrauch eines gegebenen Wortes, auch im kompliziertesten Satzzusammenhang, ist eine direkte Funktion des Gebrauchs dieses Wortes in der Zeigdefinition. Z. B. sind die Gebrauchsbedingungen des Wortes *Bibliothek* in dem Satze: *Er hat keine Bibliothek* eine Funktion der Bedingungen, die den Gebrauch von *Bibliothek* in der Zeigdefinition erlauben. Sie sind zwar in unserem Satz durch das begleitende Wort *keine* umgekehrt, gleichsam mit einem Minuszeichen versehen worden; aber der Minuswert ist eine direkte Funktion des ursprünglichen Pluswerts. Auf diese ursprüngliche und konstante Größe lassen sich alle beliebigen Verwendungen eines gegebenen Wortes zurückführen.

5. Abstrakta

Bekanntlich läßt sich die Zeigdefinition nur bei ganz konkreten Wörtern, z. B. *Mücke, Biene, Floh*, anwenden. Abstraktere Wörter, etwa von *Insekt* an[17], können durch den Zeigakt weder erlernt noch definiert werden. Ihre Inhalte sind aber gleichwohl als Gebrauchsbedingungen definierbar, wenn auch nicht mehr direkt an der Außenwelt sondern nur noch relativ zu anderen Wortinhalten. Das Wort *Insekt* zum Beispiel ist substituierbar für die drei vorgenannten Wörter, dazu für eine Anzahl andere: überall wo der Gebrauch eines dieser Wörter möglich ist, ist auch der Gebrauch von *Insekt* möglich – mit der stilistischen Einschränkung, daß *Insekt* in simpler

[17] Diese Grenze gibt B. Russell, Human Knowledge (London 1948, p. 83).

Umgangssprache ausgeschlossen ist. Der Inhalt von *Insekt* besteht also aus denjenigen Bedingungen, die all den genannten Wörtern gemeinsam sind. So lassen sich auch abstrakte Wörter bedingungsmäßig definieren, wobei zu beachten ist, daß nunmehr die Definition im Gegensatz zur konventionellen (per genus proximum et differentiam specificam) von unten nach oben erfolgt. Daß sie nur relativ sein kann, erscheint als geringer Schaden, wenn man sich vergegenwärtigt, daß innerhalb des Sprachsystems nicht so sehr die Elemente selbst als vielmehr die Beziehungen zwischen ihnen wichtig sind.

6. Sprecher und Hörer

Es könnte eingewendet werden, daß sich unsere Definition „Inhalt = die den Gebrauch des Wortes erlaubenden Bedingungen“ nur auf den Sprecher beziehe und den Hörer außer acht lasse. Daran ist soviel wahr, daß sich Sprache nur am Sprecher objektiv und eindeutig manifestiert, weshalb die Aufnahme sprachlicher Tatsachen stets von ihm auszugehen hat. Im übrigen ist der Inhalt eine Gebrauchsbedingung für einen lautlichen Typus und hat als solche für beide Gesprächspartner Gültigkeit: der Sprecher darf die Lauttypen nur realisieren, wenn die zugehörigen Bedingungen vorliegen; für den Hörer zeigt deshalb das Erklingen des Lauttypus an, daß die Bedingungen erfüllt sind. Der Inhalt ist somit für beide Partner gleich verbindlich und wichtig.

7. Zusammengesetzte Wörter

In den Kapiteln dieses Buches wurden nur Simplicia behandelt, weil eine Auswahl getroffen werden mußte und weil es darum ging, die semantische Kompliziertheit auch der scheinbar einfachsten Wörter zu zeigen. Die Inhalte von Ableitungen und Komposita bestehen aber natürlich genau so wie diejenigen der Simplicia in Gebrauchsbedingungen und sind ebenso zu bestimmen und zu definieren.

8. Mehrdeutigkeit

Sprachtheoretisch betrachtet ist ein Zeichen die Verbindung *eines* bestimmten Ausdruckes mit *einem* bestimmten Inhalt. Echte Mehrdeutigkeit, d.h. die Verbindung eines einzigen Ausdrucks mit mehreren diskreten Inhalten, könnte es demnach nicht geben. In der Tat geht vieles, was unter dem Namen „Mehrdeutigkeit“ läuft, auf unzureichende Definition zurück. Man kann z.B. Mehrdeutigkeit konstruieren, indem man die Kategorien einer Sprache auf die Elemente einer anderen stülpt, etwa: „deutsch *Uhr* hat zwei Bedeutungen, denn es heißt sowohl *watch* als *clock*“, oder: „chinesisch *ch'ing* hat zwei Bedeutungen, denn es bedeutet sowohl *dunkelgrün* wie *dunkelblau*". Solche „Mehrdeutigkeiten" heben sich aber auf, wenn man das Prinzip der „linguistique immanente", der Beschreibung der Sprachen aus ihren eigenen Kategorien, konsequent befolgt.

Auch von den verbleibenden „Mehrdeutigkeiten" verschwinden viele, wenn man die Definition sorgfältig genug vornimmt, alle d.h. nicht mehr und nicht weniger Bedingungen nennt, als dem gegebenen Ausdruck konstant zugehören. Natürlich werden die Definitionen in vielen Fällen kompliziert, aber das ist kein Gegengrund. Schwieriger werden die Dinge bei Wörtern wie *to get,* wo wahrscheinlich bei aller Mühe kein konstanter Inhalt formuliert werden kann. Solche Wörter sind aber auch nicht autonom: sie kommen normalerweise nur in bestimmten Verbänden *(get up, get him, get red* usf.) vor. Die Definition wird sich in solchen Fällen auf den ganzen Verband zu beziehen haben. Die Frage, wann ein Element semantisch autonom sei, und anderseits, was als Verband zu gelten habe, ist keinesfalls leicht zu beantworten; aber sie ist nicht komplexer als etwa diejenige, ob das konsonantische Element am Schluß von *rich* aus einem oder zwei Phonemen bestehe. Man wird sich auch überlegen müssen, ob man den Begriff „Wort" neu zu definieren hat, oder ob man statt seiner andere Begriffe, etwa „Morphem", zum Ausgangspunkt wählen solle.

Wichtig ist auf alle Fälle folgendes: Der Inhalt ist per definitionem ein Element, das einem gegebenen Ausdruck fest zugehört, also konstant ist. Jede Inhaltsbestimmung muß deshalb auf die Ermittlung von konstanten Größen abzielen. Was unkonstant ist – was einmal so, einmal anders definiert werden muß – kann nicht zum Inhalt gehören.

9. Uneigentlicher Wortgebrauch

Wörter werden nicht nur sachlich verwendet (eigentlicher Gebrauch) sondern auch metaphorisch, dichterisch, ironisch, humoristisch (uneigentlicher Gebrauch). Die Bedingungen des uneigentlichen Gebrauchs weichen von denjenigen des eigentlichen oft stark ab; hier stellt sich uns die schwierige Frage: sollen wir die *allen* Wortgebräuchen gemeinsamen Bedingungen in eine einzige Definition zusammenfassen, oder sollen wir die Bedingungen des eigentlichen und des uneigentlichen Gebrauchs trennen und separat definieren? Die erste Lösung wäre nach dem im vorigen Abschnitt Gesagten die wissenschaftlich sauberere; nur wird sie nicht in allen Fällen möglich sein. Weiter oben (S. 77) wurde bereits darauf hingewiesen, daß es nicht angeht, den normalen und den ironischen Gebrauch eines Wortes wie *schön* in einer einzigen Definition zu vereinigen, weil die Bedingungen dieser bei-

[18] Über Definitionsfragen auch: Principles of Unilingual Dictionary Definitions (in: Proceedings of the Eighth International Congress of Linguists, p. 92ff.).

den Gebräuche gerade entgegengesetzt sind, also gegenseitig annullieren. Auch bei anderen Wörtern wird es oft sehr schwer halten, eine Definition zu finden, die den eigentlichen wie den uneigentlichen Gebrauch zugleich deckt. Wir kommen also wohl nicht darum herum, den uneigentlichen Gebrauch vom eigentlichen abzusondern. Dies mit objektiven Mitteln, d.h. ohne Zuhilfenahme introspektiver Termini zu tun, wird gewiß nicht leicht sein, doch kann man wahrscheinlich mit der Hilfe von typischen Kontexten, Intonationen und ähnlichen Merkmalen dem Ziel näher kommen.

10. Historische Semantik

Die Zeigdefinition ist bei nichtlebenden Sprachen ausgeschlossen. Dagegen können Wortinhalte vergangener Epochen ohne weiteres relativ zu anderen derselben Epoche bestimmt, oder, da manche Wortinhalte konstant geblieben sind, auch an diejenigen unserer Zeit angeschlossen werden. Ein Moment der Unsicherheit mag dabei freilich bestehen bleiben, doch ist es sicher geringer als bei der herkömmlichen Bedeutungsdefinition; denn wir können uns über die Gebrauchsbedingungen vergangener Wörter sicher eher ein Bild machen als über die Gedanken längst verstorbener Sprecher und Hörer. Dem Satz Ullmanns (Principles 316): „many of these new methods ... can easily be applied to historical problems" stimmen wir gerne zu[19].

11. Möglichkeit einer strukturellen Semantik

Das Bedürfnis nach einer strukturellen (die Beziehungen zwischen den differenziell bestimmten immanenten Inhalten studierenden) Semantik hat sich verschiedentlich gezeigt[20]. Die hier entwickelte Inhaltslehre ist an sich noch nicht strukturell. Indem sie die Wortinhalte der physischen Welt gegenüberstellt, versucht sie, deren verschiedene Formen im Verhältnis zur außersprachlichen Substanz zu erkennen und wissenschaftlich zu beschreiben – daher auch die von manchen Rezensenten kritisierte physikalische Diktion. Eine solche Beschreibung der einzelnen Wortinhalte ist die notwendige Voraussetzung für das Studium der Beziehungen zwischen ihnen, d.h. für die Darstellung der semantischen Struktur der einzelnen Sprachen. Die „physikalische" Semantik muß der strukturellen vorausgehen, so wie eine Lehre von den Phonemen ohne phonetische Grundlagen nicht denkbar ist[21].

[19] Versuch der zusammenfassenden Definition scheinbar mehrdeutiger altenglischer Wörter wie *mist, fen, wadan,* bei Verf., Aufschlußreiche altenglische Wortinhalte (in: Sprache – Schlüssel zur Welt: Festschrift L. Weisgerber, Düsseldorf 1959).

[20] Vgl. Proceedings of the Eighth Congress, 636ff.

[21] „Phonemic features cannot be analysed except in terms of physical or physiological ‚substance'". W. Haas, Concerning Glossematics (in: Archivum Linguisticum 1956, p. 96).

Einige Ansätze zu einer strukturellen Semantik werden aber jetzt schon sichtbar:

Wenn „Wortinhalt“ als Gebrauchsbedingungen definiert wird, so besteht eine direkte Beziehung zwischen dem Inhalt und dem wichtigen strukturellen Begriff der Distribution (etwa: Vorkommen eines Elementes). Inhalt läßt sich auch auffassen als „distributionelle Beschränkung“.

Abgesehen von der Verankerung einiger konkreter Wörter an der physischen Substanz in der Zeigdefinition werden alle Aussagen über Wortinhalte in Termini von Beziehungen zwischen Inhalten formuliert.

Aus dem Vergleich semantisch benachbarter Wörter lassen sich minimale distinktive Inhaltselemente ermitteln (vgl. oben S. 99), welche mit den „Content Figurae“ in Hjelmslevs Sprachtheorie identisch sind; sie sind das inhaltliche Gegenstück zu den Phonemdifferenzen.

In der „semantischen Kongruenz“, der notwendigen inhaltlichen Übereinstimmung von Subjekt und Verb oder Verb und Objekt[22], wird das Beispiel eines inhaltlichen Beziehungsverhältnisses, also einer semantischen Struktur, gegeben; es gilt nunmehr, auch andere solche Strukturen aufzudecken.

12. Kritik an den Kategorien

Gegen die in diesem Buch errichteten Kategorien von Inhaltsformen, sowie gegen die Beschreibung einzelner Wortinhalte könnten zahlreiche Einwände erhoben werden. Ohne Zweifel müssen unsere Resultate überprüft und können den immanenten sprachlichen Gegebenheiten noch wesentlich besser angepaßt werden. Dies sagt aber nichts gegen die Methode als solche.

Schwerer wiegt ein philosophisches Bedenken. Das Problem jeder Semantik besteht darin, daß Wortinhalte nur sprachlich, d. h. mit Hilfe von andern Wortinhalten, beschrieben werden können. Wenn wir die sprachliche Form der außersprachlichen Substanz gegenüberhalten und so erkennen wollen, so müßten wir eigentlich die letztere direkt, ohne Hilfe einer Sprache, erfassen und beschreiben können. Dies ist nicht möglich.

Immerhin läßt sich wenigstens folgendes entgegnen: Auch von der lautlichen Substanz gilt, daß wir sie nicht anders als sprachlich beschreiben können. Die Inhaltsforschung befindet sich also erkenntnistheoretisch mindestens nicht in einer schlechteren Lage als die Erforschung des Ausdrucks. Auf beiden Seiten können wir uns überdies bemühen, bei der Beschreibung des Außersprachlichen wenigstens von den Kategorien einer bestimmten Sprache loszukommen, indem wir uns der Substanz durch das

22 Vgl. oben S. 70ff. Solche Übereinstimmungen wurden schon früher von W. Porzig beobachtet, der ihnen den Namen „wesenhafte Bedeutungsbeziehungen“ gab (Beitr. z. Gesch. d. dtsch. Spr. u. Lit., 58, 1934).

Medium mehrerer verschiedener Sprachen nähern[23], oder anderseits, indem wir uns der Terminologie der exakten Wissenschaften bedienen, die ja ebenfalls versucht, sich von den Kategorien einer bestimmten Einzelsprache zu befreien. Beide Hilfsmittel, Sprachvergleich und naturwissenschaftliche Kategorien, sind in diesem Buch bereits verwendet.

Endlich ist zu sagen, daß ein wesentliches Ziel nicht die absolute Erfassung der Wortinhalte ist, sondern die Darstellung der Differenzen und Beziehungen von Inhalten, die zusammen die semantische Struktur ausmachen; dabei fällt die außersprachliche Substanz als zu beschreibende Größe wieder weg.

Nach allem glauben wir hoffen zu dürfen, daß die hier vorgeschlagene Semantik sich entwickeln läßt, und daß sie vielleicht sogar mithelfen kann, der gegenwärtigen Spaltung der Sprachwissenschaft ein Ende zu machen. Wichtig scheint vor allem, daß zwei Dinge anerkannt und in ihren Konsequenzen gesehen werden: erstens, daß die Elemente des Sprachsystems neben ihrem Ausdruck einen Inhalt haben, welcher wie der Ausdruck eine konstante und abstrakte Größe ist; zweitens, daß es keine andere Möglichkeit gibt, Inhalte wissenschaftlich zu definieren als durch den Gebrauch, spreche man nun von Gebrauchsbedingungen, Gebrauchsregel oder distributioneller Beschränkung.

[23] Die Fruchtbarkeit der vergleichenden Methode zeigt die an Ergebnissen reiche Arbeit von S. Öhman, Wortinhalt und Weltbild (Stockholm 1951).

Nachtrag 1967

Entwicklungen von 1960 bis 1966

Seit der Fertigstellung der zweiten Auflage sind wiederum zahlreiche Arbeiten zur Semantik erschienen, auch sind uns einige frühere Schriften neu zu Gesicht gekommen oder haben sich erst jetzt als bedeutsam erwiesen. Der nachfolgende Hinweis beschränkt sich auf diejenigen Werke, welche zu den Themen dieses Buches einen unmittelbaren Bezug haben; er will also keineswegs vollständig sein. Wer eine umfassende Bibliographie sucht, sei auf folgende Werke verwiesen: 1. H. Gipper und H. Schwarz, *Bibliographisches Handbuch zur Sprachinhaltsforschung* (Köln und Opladen 1962ff.; der erste Band dieses großen Werkes, mit Verfassernamen von A bis G, liegt nun vollständig vor); 2. *Trends in European and American Linguistics,* ed. by C. Mohrmann, A. Sommerfelt, J. Whatmough (Utrecht, Antwerpen 1961, repr. 1963, 1966; s. bes. pp. 13ff., 110ff., 142ff., 173); 3. *Proceedings of the 8th/9th International Congress of Linguists* (Oslo 1958 bzw. London, Den Haag, Paris 1964); 4. *Semantics,* ed. K. Thurman (Houghton Mifflin Research Series Nr. 7, Boston, Cambridge 1960; Anthologie); 5. S. Ullmann, *Semantics: An Introduction to the Science of Meaning* (Oxford 1962, repr. 1964; gegenüber den früheren *Principles of Semantics* stärker empirisch).

In der zweiten Auflage (1960) haben wir der Hoffnung Ausdruck gegeben (vgl. pp. 112–123), daß einerseits die „Strukturalistik" sich stärker der Bedeutungslehre zuwenden werde, und daß anderseits die traditionelle Semantik durch die Entwicklung unserer und ähnlicher Methoden objektiviert und mit den Forderungen der neuen exakteren Linguistik besser vereinbart werde, woraus sich dann eine gewisse Konvergenz der Blickrichtungen ergeben könnte. Von hier aus gesehen erscheinen folgende Entwicklungen besonders interessant:

Die von uns befürwortete *operationelle Bedeutungsdefinition,* d.h. die Definition von „Bedeutung" als „Gebrauch des Wortes oder Funktion des Gebrauches" (vgl. oben, Kapitel I und S. 115–118), wird nun häufiger erwähnt und dürfte sich noch stärker durchsetzen; Ullmann (*Semantics,* p. 64) und Gipper/Schwarz (*Bibliograph. Handbuch,* p. LXXI) verweisen ausführlich auf sie.[1] Ein wichtiger Schritt in gleicher Richtung ist auch, wie

[1] Allerdings nennen sie als ihren Begründer L. Wittgenstein, was insofern nicht ganz stimmt, als die neue Bedeutungsdefinition (von früheren, mehr aphoristischen Bemerkungen abgesehen) zugleich und unabhängig an mehreren Stellen entstanden ist (vgl. oben S. 116). Man bemerkt hier im kleinen die leider verbreitete Tendenz, eine neue Idee jeweils *einem* „Erfinder" zuzuschreiben und Polygenese für unmöglich zu halten oder zu übersehen.

schon oben S. 122 angedeutet, die Verknüpfung von *meaning* mit dem Begriff der *distribution;* hierüber äußert sich P. Diderichsen in *Proceedings of the 8th International Congress of Linguists* (bes. p. 181), wobei er sich kritisch mit der Auffassung von „meaning as a function of distribution" (Harris) auseinandersetzt.

Die *Komponentenanalyse* (Zerlegung von Wortinhalten in minimale distinktive Elemente, vgl. oben S. 99 und 122) ist neuerdings in verschiedenen Arbeiten gefördert oder doch postuliert worden, u. a. in den hauptsächlich in *Language, Word* und *American Anthropologist* geführten Diskussionen um Osgood/Tannenbaum, *The Measurement of Meaning* (vgl. Ullmann, *Semantics,* p. 68–71), um Katz/Postal, *An Integrated Theory of Linguistic Descriptions* (Cambridge, Mass. 1964) und um Katz/Fodor, „The Structure of a Semantic Theory" (in: *Language* 39). Die Terminologie[2] variiert hier stark; die minimalen Elemente erscheinen als *semons* (bei S.M. Lamb in *American Anthropologist* 66, Special Issue, June 1964, p. 60), als *Noeme* bei G.F. Meier in „Semantische Analyse und Noematik" (*Zs. für Phonetik und Kommunikationsforschung* 17, p. 588), als *conceptual nuclei,* unterteilt in *markers* und *distinguishers* bei Katz/Fodor und Katz/Postal; der öfters gebrauchte Ausdruck *factor-analysis* (z.B. bei C. Osgood in *Am. Anthropologist* 66, Special Issue, June 1964, p. 171 ff.) impliziert den Begriff *factor.* Daneben halten sich weiter die *content figurae* der Hjelmslevschen Glossematik und die *Merkmale* der von der Logik herkommenden Semantik (z.B. Wüster in *8th International Congress,* p. 673). Da die analytischen Verfahren, mit denen diese „Quanten" ermittelt werden, unter sich sehr verschieden sind, stimmen leider auch die Grundelemente selbst in den verschiedenen Terminologien nicht überein. Sollte die Semantik durch die Komponentenanalyse an Objektivität und Exaktheit gewinnen, dann eher durch differentielle Bestimmung (Ermittlung der kleinsten Unterschiede zwischen bedeutungsähnlichen Wörtern) als durch Psycholinguistik (Plazierung des Wortes in einem Koordinatennetz von Reizbegriffen; s. Ullmann, p. 68 ff.).

Auf festerem Boden befinden wir uns bei der Untersuchung von *collocations,* wobei es um die Frage geht, welche Wörter miteinander verbunden bzw. nicht verbunden werden können, ein Problem, das in unserem Buch unter den Begriffen *semantische Kongruenz* (vgl. S. 70, 122) und *Kontextabhängigkeit* (vgl. S. 110) angeschnitten wurde. Hier sei verwiesen auf M. Joos, „Semology: A Linguistic Theory of Meaning" (in: *Studies in Linguistics,* Buffalo, 13, pp. 53 ff.), wo die semantische Kongruenz wie bei uns aus der grammatischen abgeleitet wird, woraus sich die Gegensatzpaare *collocation: incongruousness* bzw. *acceptable* (z.B. ‚paint silently'): *anomalous* (z.B. ‚silent paint') ergeben. Auch der Satz: „... bestimmte Noeme schlie-

[2] Hier ergänzt nach Mitteilungen von A. Schopf, dem ich an dieser Stelle bestens danke.

ßen sich aus" (Meier in: „Semantische Analyse und Noematik") gehört hierher, ebenso die von L. Országh (6th International Congress of University Professors of English, Venedig 1965) erhobene Forderung, einsprachige Lexika sollten uns besser darüber informieren, mit welchen anderen Wörtern zusammen ein gegebenes Wort normalerweise vorkommen kann. Endlich wird auch *distribution* meistens nicht schlechthin als „Vorkommen eines sprachlichen Elements" verstanden, sondern als „Vorkommen eines sprachlichen Elements in bestimmter sprachlicher Umgebung"; vgl. den bereits zitierten Aufsatz von Diderichsen. Zweifellos haben Untersuchungen über die Verbindbarkeit oder „Verträglichkeit" von Wörtern unter sich den großen Vorteil, daß sie von konkret beschreibbaren Gegebenheiten ausgehen; sie sind auch von direkt absehbarem Nutzen und schon darum zu fördern.

In den *praktischen Arbeiten* der hiesigen im ganzen konservativeren Schulen bemerkt man etwa, daß Bedeutungen als Bedingungen des Wortgebrauchs definiert werden, daß Wörter differentiell, d.h. durch die Unterschiede zu ihren Nachbarn, bestimmt werden, oder daß nach den regelmäßigen Begleitern der zu untersuchenden Wörter gefragt wird. Diese drei Prinzipien finden sich z.B. vereinigt in der Arbeit von M. Schneeberger, *Das Wortfeld des Lachens und Lächelns im modernen Englisch* (Diss. Zürich 1964). Auf die Methoden des vorliegenden Buches nehmen sodann Bezug: *Duden: Grammatik der deutschen Gegenwartssprache* hg. von P. Grebe (Mannheim 1959; bes. pp. 420, 423ff.), R.W. Jumpelt, *Die Übersetzung naturwissenschaftlicher und technischer Literatur* (Berlin 1961; Übersetzungstheorie mit zahlreichen Beispielen, auf Grund einer ausführlichen semantischen Analyse), die noch ungedruckte Dissertation von P.L. Eggermont, *De methode van Ernst Leisi toegepast op het Algemeen Nederlands en op het dialect van het Land van Hulst,* sowie die an der Universität São Paolo (Brasilien) im Gang befindlichen Untersuchungen von C. Heupel zum Strukturvergleich von Deutsch und Portugiesisch. Diese Arbeiten betreffen die Gegenwartssprache. Eine Anwendung unserer Methoden auf eine frühere Sprachstufe findet sich in *Shakespeare: Measure for Measure: An Old-Spelling and Old-Meaning Edition,* prepared by E. Leisi (Heidelberg 1964); E. Leisi, „Zur Bestimmung Shakespearescher Wortbedeutungen" (in: *Shakespeare-Jahrbuch* 100, 1964) und „A Possible Emendation of Shakespeare's Sonnet 146" (in: *English Studies,* August 1966).

Man darf also sagen, daß sich einerseits die moderne Linguistik lebhafter als bisher für die Semantik interessiert, und daß anderseits die praktischen Arbeiten der „traditionellen" Schule nach einer objektiveren Grundlage suchen. Freilich ist der erhoffte „Brückenschlag" noch ziemlich weit entfernt. Aus strukturalistischer Sicht erscheint unser Verfahren noch zu stark auf außersprachliche Gegebenheiten bezogen (so A. Neubert, *Zs. für Anglistik und Amerikanistik* 13, pp. 80–85); uns wiederum dünken manche

Abhandlungen der modernen Richtung so abstrakt und arm an Beispielen, daß wir an ihrer unmittelbaren Anwendbarkeit zweifeln. Aber die bisherige Erstarrung der „Fronten“ hat sich trotz allem erfreulich gelockert.

Nachtrag 1971

In den letzten paar Jahren hat die Semantik einen geradezu unglaublichen Aufschwung genommen; vor allem die von Katz und Mitarbeitern begründete Verknüpfung der Semantik mit dem generativ-transformationellen Modell Chomskys hat sich (auch quantitativ) als äußerst fruchtbar erwiesen. Bibliographische Angaben zur neuesten Semantik finden sich in:

N. Kohl, *Bibliographie für das Studium der Anglistik I* (Bad Homburg 1970), F. Hundsnurscher, *Neuere Methoden der Semantik* (Tübingen 1970), *Linguistische Berichte* 1 (pp. 1–18) und 5 (pp. 88–106); einen sehr guten kurzen Ueberblick aus anglistischer Sicht gibt K. Wächtler, *Das Studium der englischen Sprache* (Stuttgart 1969).

Es kann hier nicht darum gehen, die neueste Entwicklung der Semantik auch nur übersichtsweise zu schildern; wir beschränken uns auf die Nennung einiger Werke der letzten drei Jahre, die auf den *Wortinhalt* Bezug nehmen.

Direkt angeregte monographiche Arbeiten sind:

G. Wagner, „*Frech*" *im heutigen Englisch* (Diss. Zürich 1967). Im Erscheinen begriffen sind Arbeiten von J. Waldvogel (englische Wörter für Glanzerscheinungen), M. Leschhorn (Körperteile im Englischen, s. oben S. 54), G. DeZordi (englische Wörter des Gesichtsausdrucks). Von Monographien, die andernorts erschienen sind, sei hervorgehoben: D. Möhle, *Das neufranzösische Adjektiv* (München 1968).

Praktisch orientierte Gesamtdarstellungen, die sich mit mehr als einem Hinweis auf den *Wortinhalt* beziehen, sind u. a.: H. Koziol, *Grundzüge der englischen Semantik* (Wien 1967), F. Kainz, *Psychologie der Sprache*, Bd. 5 (Stuttgart 1965), H. Hörmann, *Psychologie der Sprache* (Berlin ²1970), W. Luther, *Sprachphilosophie als Grundwissenschaft* (Heidelberg 1970), K. Wächtler, *Das Studium der englischen Sprache* (Stuttgart 1969).

Interessant, weil sie als „Brückenschlag" im Sinne unseres Nachtrags 1967 aufgefaßt werden kann, ist die Verknüpfung von Ergebnissen unserer mehr speziellen Semantik mit (generativer und formalisierender) semantischer Theorie oder mit struktureller Semantik.

Zur generativen Gruppe gehören: M. Bierwisch, „Some Semantic Universals of German Adjectivals" in: *Foundations of Language* 3 (1967); R. P. Botha, *The Function of the Lexicon in a Transformational Generative Grammar* (The Hague 1968); F. Hundsnurscher, *Neuere Methoden der Semantik* (Tübingen 1970).

Im Umkreis der strukturellen Semantik oder in der Diskussion über sie befinden sich: J. Lyons, *Structural Semantics* (Oxford ²1967); H. Geckeler, *Strukturelle Semantik und Wortfeldtheorie* (München 1971); A.

Neubert, „Semantik und Uebersetzungswissenschaft“ in: *Probleme der strukturellen Grammatik und Semantik* (Leipzig 1968); K. Baumgärtner, „Die Struktur des Bedeutungsfeldes“ in: *Satz und Wort im heutigen Deutsch*, hg. von H. Moser (*Sprache der Gegenwart*, Bd. 1, Düsseldorf 1967); C. Heupel, „Struktur- versus Inhaltsforschung“ in: *Der Deutschunterricht* 4 (1969); Y. Ikegami, „Structural Semantics. A Survey and Problems“ in: *Linguistics* 33 (1967).

Daß die Semantik sogar aus der Sprachwissenschaft herausgewachsen ist und einen Platz in der allgemeinen Wissenschaftstheorie gewonnen hat, zeigt sich etwa an folgenden Werken: W. Kamlah/P. Lorenzen, Logische Propädeutik (Mannheim 1967); H. Seiffert, Einführung in die Wissenschaftstheorie 1 (München 1969).

Wortregister

Deutsch

Englisch

Schriftenverzeichnis

Hier sind die für die erste Auflage benutzten Schriften aufgeführt. Für neuere Werke siehe S. 124 und 128

WÖRTERBÜCHER

The Shorter Oxford English Dictionary. 2 vols. 3rd edition, repr. Oxford 1947
The Concise Oxford Dictionary (C.O.D.) 3rd ed. repr. Oxford 1946
Cassell's New English Dictionary. London 1919
Webster's Dictionary of Synonyms. Springfield (Mass.) 1942
Roget's Thesaurus of English Words and Phrases. New Edition, London 1949
H. G. de Maar and J. H. A. Günther: English Synonyms and Homonyms. Groningen 1928
Hermann Paul: Deutsches Wörterbuch. 4. Aufl. bearb. v. K. Euling 1935
D. Sanders und J. E. Wülfing: Handwörterbuch der deutschen Sprache. Leipzig und Wien 8. Aufl. 1912
F. Dornseiff: Der deutsche Wortschatz nach Sachgruppen. 3. Aufl. Berlin 1943.

ABHANDLUNGEN

Ch. Bally: Linguistique générale et linguistique française. 2e éd. Bern 1944
M. Bertschinger: To Want: An Essay in Semantics. Diss. Zürich 1941
L. Bloomfield: Language. New York 1933
Ernst Cassirer: Die Philosophie der symbolischen Formen. 3 Bde. Berlin 1923–29
– Mythos und Sprache 1925
– An Essay on Man. New Haven 1944
Stuart Chase: The Tyranny of Words. London 7th ed. 1950
M. Deutschbein: Aspekt und Aktionsarten im Neuenglischen. Neuphilologische Monatsschrift 10 und Sonderabdruck Leipzig 1939
F.N. Finck: Die Haupttypen des Sprachbaus. Leipzig 1913
J.R. Firth: Speech. London 1930
O. Funke: Innere Sprachform: Eine Einführung in A. Martys Sprachphilosophie. Prager Deutsche Studien. Reichenberg i.B. 1924
– Wege und Ziele: Ausgewählte Aufsätze und Vorträge. Bern 1945
A.H. Gardiner: The Theory of Speech and Language. Oxford 1932
O. v. Greyerz: Sprachpillen. Bern 1938
E. Hollmann: Aspekt und Aktionsart. Diss. Jena 1937
J. Holt: Etudes d'aspect. Acta Jutlandica XV, 2. Kopenhagen 1943
O. Jespersen: A Modern English Grammar on Historical Principles Part II (Syntax, 1st Vol.) Heidelberg 1914
– Language. Neudruck London 1949

– The Philosophy of Grammar. 5. Aufl. London 1948
H. Kronasser: Handbuch der Semasiologie. Kurze Einführung in die Geschichte, Problematik und Terminologie der Bedeutungslehre. Heidelberg 1952
E. Kruisinga: The Phonetic Structure of English Words. Bern 1943
E. Leisi: Die tautologischen Wortpaare in Caxtons „Eneydos". New York und Diss. Zürich 1947
John Locke: An Essay Concerning Human Understanding. 1690
A. Marty: Untersuchungen zur Grundlegung der allgemeinen Grammatik und Sprachphilosophie. Halle 1908
– Über Wert und Methode einer beschreibenden Bedeutungslehre. Hg. von O. Funke. Reichenberg i.B. 1926
E. Meumann: Die Entstehung der Wortbedeutung beim Kinde. 2. Aufl. 1908
Christian Morgenstern: Alle Galgenlieder. Berlin 1932
Ch. Morris: Signs, Language and Behavior. New York 1946
K. Nyrop: Grammaire historique de la langue française. Bd. 4: Sémantique. 2. Aufl. Kopenhagen 1913
L.R. Palmer: An Introduction to Modern Linguistics. London 1936
Bruno Quadri: Aufgaben und Methoden der onomasiologischen Forschung. Romanica Helvetica Bd. 37, Bern 1952
J. Raith: Untersuchungen zum englischen Aspekt. 1. Teil: Grundsätzliches, Altenglisch. München 1951
A. Reichling: What is General Linguistics. Lingua: International Review of General Linguistics I, 1. Haarlem 1948
H. Renicke: Die Theorie der Aspekte und Aktionsarten. Beiträge zur Geschichte der deutschen Sprache und Literatur, begr. v. W. Braune und H. Paul, Bd. 72, Halle 1950
G. Révész: Ursprung und Vorgeschichte der Sprache. Bern 1946
I.A. Richards: The Philosophy of Rhetoric. London 1936
– Interpretation in Teaching. London, o.J., ca. 1940
A. Rosetti: Le mot: esquisse d'une théorie générale. Kopenhagen und Bukarest, 2. Aufl. 1947
Bertrand Russell: Logical Atomism. In: Contemporary British Philosophers, hg. v. J.H. Muirhead, 1. Bd. London 1929
– Human Knowledge. London 1948
E. Sapir: Artikel „Custom" in: Encyclopedia of Social Sciences. Bd. 4, New York 1931
F. de Saussure: Cours de linguistique générale. Paris 1916. Deutsch: Grundfragen der allgemeinen Sprachwissenschaft. 2. Aufl. Berlin 1931
E. Seidel: Zu den Funktionen des Verbalaspekts. In: Travaux du Cercle linguistique de Prague, 6, 1936
H. Straumann: Newspaper Headlines. A Study in Linguistic Method. London 1935
Jost Trier: Der deutsche Wortschatz im Sinnbezirk des Verstandes: Die Geschichte eines sprachlichen Feldes. Heidelberg 1931
– Deutsche Bedeutungsforschung. In: Germanische Philologie, Festschrift für O. Behaghel 1934
St. Ullmann: The Principles of Semantics. Glasgow 1951
W.M. Urban: Language and Reality. London 1939

A. Vierkandt: Gesellschaftslehre. 2. Aufl. Stuttgart 1928
Leo Weisgerber: Die Bedeutungslehre – ein Irrweg der Sprachwissenschaft? In: Germ.-Roman. Monatsschrift 15, 1927
– Vorschläge zur Methode und Terminologie der Wortforschung. In: Indogerm. Forschungen 46, 1928
– Muttersprache und Geistesbildung. Göttingen 1929
– Das Gesetz der Sprache. Heidelberg 1951.

UTB

Uni-Taschenbücher GmbH
Stuttgart

Band 36

Empirische Sprachdidaktik

Von Professor Dr. Hans Messelken, Köln
Mit einem Vorwort von Professor Dr. Bernhard Weisgerber
208 Seiten, DM 15,80
ISBN 3-494-02005-1 (Quelle &Meyer)

Die Empirische Sprachdidaktik kann in Verbindung mit der Anthropologie ein allgemeines Bezugsfeld abgeben, in dessen Grenzen es keine Grund-, Fach- und Nachbarwissenschaften mit einem didaktischen Appendix und methodischen Ornamenten gibt, sondern lediglich den Facettenreichtum linguistischer und sprachtheoretischer, psychologischer und philosophischer, pädagogischer und soziologischer Aspekte.

Der Band erscheint in der Reihe »Grundlagen der Sprachdidaktik«, hrsg. von Bernhard Weisgerber in Verbindung mit Werner Hüllen, Hans Messelken und Emil Schmalohr.

Band 94

Grundlagen der Grammatiktheorie

Von Professor Dr. Wladimir G. Admoni, Leningrad
Übersetzt und mit einem Vorwort von Theodor Lewandowski
Etwa 120 Seiten, ca. DM 10,80
ISBN 3-494-02009-4 (Quelle & Meyer)

Der Leningrader Germanist Wladimir G. Admoni ist in Deutschland vor allem durch seine Grammatik »Der deutsche Sprachbau« bekannt geworden. In seinen »Grundlagen der Grammatiktheorie« stellt Admoni die Frage nach dem Wesen der Sprache. Er deckt ihre Grundzüge auf, die sie als Untersuchungsgegenstand konstituieren.

Das Buch kann als sprachwissenschaftliche Zusammenfassung der mehr praktisch orientierten Werke des Verfassers dienen; es eignet sich aber auch als Einführung in seine am Gegenstand entwickelten Methoden. Darüber hinaus gibt die knappe und konzentrierte Studie eine grundlegende Darstellung sprachwissenschaftlicher Probleme.